Bernhard Baumgartner

WANDERERLEBNIS WALDVIERTEL

Bernhard Baumgartner

Wandererlebnis WALDVIERTEL

Die schönsten Wege
für Spaziergänger und Wanderer

NP

Verlag Niederösterreichisches Pressehaus
St. Pölten–Wien

1. Auflage 1994

Umschlagentwurf: Atelier Rendl, Wien
Umschlagmotiv: Blockheide bei Gmünd
Fotos und Routenskizzen: Bernhard Baumgartner

Gesamtherstellung:
Niederösterreichisches Pressehaus
Druck- und Verlagsgesellschaft mbH,
A-3100 St. Pölten, Gutenbergstraße 12

ISBN 3 85326 003 9

Vorwort

Wandern im Waldviertel

Klingt „Wandererlebnis Waldviertel“ nicht verheißungsvoll? Da hört man rauschende Wälder, denkt an Blockheiden und die stillen Augen der Teiche, an romantische Städtchen und idyllische Dörfer: typische Vorstellungen, die sich mit diesem liebenswerten Viertel Niederösterreichs verbinden.
Waldviertel bedeutet darüber hinaus verschlungene Täler und wogende Felder, voll von Korn oder mit Erdäpfeln und Mohn – hineingedrängt zwischen Birkengruppen und nebelatmende Wiesengründe. Und nicht zuletzt die Menschen mit ihrem oft harten Leben abseits der Wirtschaftszentren und im Grenzland. Insgesamt eine ländliche Welt, in der die Uhren noch anders gehen.
Thema dieses Buches ist das Erleben dieser Landschaft als Wanderer – auf den „schönsten Wegen“, wie es im Untertitel heißt. Diese Wege habe ich in den vergangenen beiden Jahren gesucht – aufgespürt für alle Spaziergänger und Wanderfreunde, aber auch für die Waldviertler selbst, denn auch für sie gilt der Spruch vom Guten, das so nah ist!
Ihnen allen möchte ich ein nützliches und ansprechendes Wanderbuch vorlegen. Daß dies nicht einfach ist, habe ich selbst erfahren. Im gar nicht so unwirtlichen und für Verkehr wie Besiedlung dicht erschlossenen Hochland konnte und mußte ich aus einer Fülle von Möglichkeiten auswählen. Ich hoffe, daß meine Suche nach den schönsten Wegen erfolgreich war und möglichst vielen Wanderern – wie mir selbst – wirklich ein Wanderparadies beschert!

Zum Gebrauch dieses Buches

Eine Einstimmung auf die Umgebung und das jeweilige Gelände, auf die Pflanzen und Gesteine leitet jeden Tourenvorschlag ein, wodurch dieser Führer auch zu einem „Lesebuch“ werden soll.
Meine Erläuterungen und Hinweise beschränken sich darauf, was nicht anderswo schon vielfach nachzulesen ist. Das Erleben der Natur steht im Vordergrund! Volkskundliches und Kunsthistorisches liest man besser in der speziellen Literatur nach. Ich empfehle dafür das „Waldviertler Hausbuch“, herausgegeben vom Niederösterreichischen Bildungs- und Heimatwerk, und Karl Lukans „Waldvier-

telbuch“ (Verlag Jugend und Volk, Wien). Weiterführende kunsthistorische Informationen findet man im Buch „Das Waldviertel“ von F. Eppel (Verlag St. Peter, Salzburg), im Dehio-Handbuch „Niederösterreich nördlich der Donau“ (Verlag Schroll, Wien 1990) und in „Burgen, Stifte und Schlösser des Waldviertels“ (Verlag Niederösterreichisches Pressehaus, St. Pölten). Über die Flora informiert man sich zum Beispiel in Adler/Oswald/Fischer, „Flora Österreichs“ (Ulmer Verlag).
Die Wege sind aktuell auf dem Stand von 1992/93 beschrieben. Daß sich im Laufe der Zeit Änderungen ergeben können, ist wohl selbstverständlich, ebenso, daß alle Wege auf eigene Gefahr begangen werden. Die Touren sind, ob markiert oder unmarkiert, so beschrieben und skizziert, daß auch Wanderer ohne große Routine zurechtkommen können („rechts“ und „links“ bezieht sich natürlich auf die angegebene Gehrichtung!). Die wenigen „Orientierungswanderungen“ sollten aber nur von geübten Touristen begangen werden, die das Orientieren nach der Spezialkarte im Gelände beherrschen.
Damit man sich im Buch leicht zurechtfindet, sind die Hauptrouten in einzelne Abschnitte unterteilt (A, B, C), und am Ende jedes Kapitels finden sich Hinweise auf kürzere Spaziergänge – „Kurztouren“– sowie eine das ganze Gebiet umfassende „Extremwanderung“. So findet jeder einen Weg, der seinen Möglichkeiten und Neigungen entspricht. Die Skizzen beschränken sich weitgehend auf die beschriebenen Wege und können den Gebrauch der empfohlenen Karten nur teilweise ersetzen.

Praktische Hinweise

Wandern im Waldviertel hat seine eigene Art! Auf- und Abstiege sind gering, es überwiegt das Bewältigen der Horizontale, was eine spezielle, vom Bergsteigen verschiedene Gehleistung erfordert. Objektive Gefahren fehlen weitgehend, dafür können unliebsame Umstände so manche Tour verleiden, wenn man die wenigen Vorbereitungsregeln mißachtet.
Am wichtigesten ist das Schuhwerk: keine schweren Bergschuhe, sondern eher knöchelhohe Straßenlaufschuhe, dazu Gummistiefel im Rucksack, wenn es in Morgentau oder Feuchtgelände geht. Am besten sind wasserdichte Trekkingschuhe. Die übrige Ausrüstung kann minimal sein, denn Einkaufs- und Einkehrmöglichkeiten gibt es genug entlang der Wanderstrecken. Leichten Wetterschutz oder Regenschirm bitte nicht vergessen!
Die Wandergebiete sollten nach der Jahreszeit ausgewählt werden: Von Frühjahr bis Herbst versprechen vor allem die waldigen Fluß-

Übersichtskarte Wandergebiete

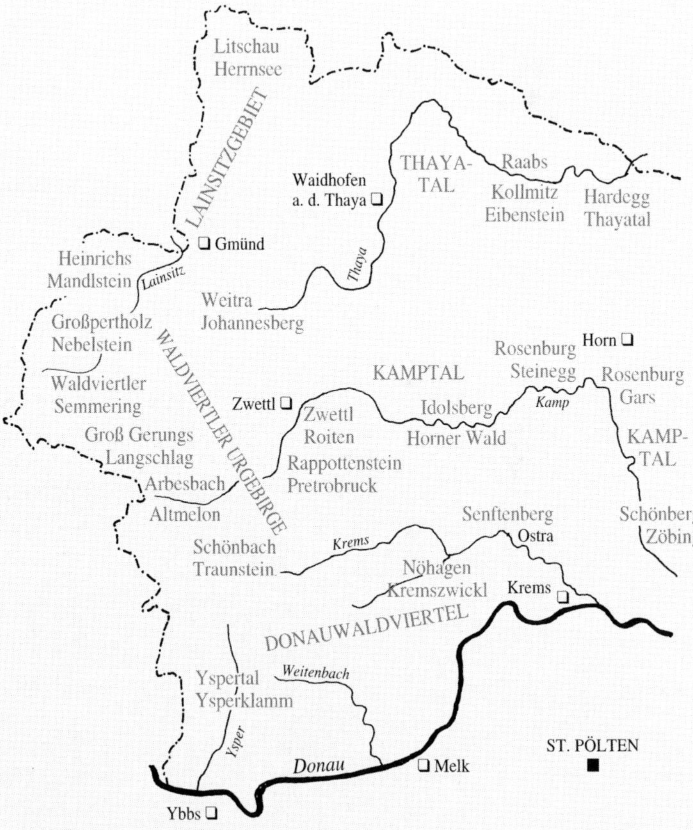

täler ein angenehmes Wandern. Im Hochsommer sollte man die pannonisch geprägten, warmen Randgebiete eher meiden, also das untere Kamptal und das „Donauwaldviertel" im Krems- und Yspertal. Auch die freien Hochflächen sind im Frühjahr oder Herbst günstiger und sogar für Winterwanderungen geeignet.

Ein Schlußwort zum Vorwort

Ich habe dieses Waldviertelbuch geschrieben, ohne selbst Waldviertler zu sein. Dafür kenne und schätze ich diese Landschaft und ihre Menschen durch die Wanderungen und Ausflüge vieler Jahre! Verwandtschaftliche Bande und alte Freundschaften, die noch auf die gemeinsame Studienzeit zurückgehen, festigen und vertiefen diese Beziehung.
Diesen Freunden gilt mein Dank, auch den Begleitern auf meinen Touren und all jenen freundlichen Menschen, die mir auf meinen Wegen begegnet sind und für meinen Forscherdrang Verständnis zeigten!

Bernhard Baumgartner

Inhalt

Kamptal

Donauwaldviertel

Waldviertler Urgebirge

Lainsitzgebiet

Thayatal

Graniting

KAMPTAL: Rosenburg – Gars – Schönberg

Wandern mit dem Busserlzug

ROUTE:	Horn – Taffatal – Rosenburg – Kamptalweg – Gars – Stiefern, insgesamt 5 ½ Std.; leichte Talwanderung, nur im ersten Teil waldig!
EMPFEHLUNG:	Bahnfahrt bis Horn. Bei Begehung der Varianten besser in zwei Teilstrecken (von Gars aus), sehr lohnend mit Kindern und auch günstige Winterwanderung.
EINKEHR:	Gasthöfe in Rosenburg, Kamegg, Gars und Stiefern.
KARTEN:	Österr. Karte Nr. 21, Freytag & Berndt WK 072.
INFORMATION:	Gemeindeamt 3573 Rosenburg, Tel. 02982/29 17, Fremdenverkehrsverband Kamptal, 3571 Gars am Kamp, Tel. 02985/26 80.
ZUFAHRT:	Von Westautobahn, Abfahrt St. Pölten, über Kremser Schnellstraße und Langenlois (Richtung Horn) oder von Wien über Stockerau und Hadersdorf (Richtung Kamptal).

Das Waldviertel mit seinem „Nordwald" galt bis weit ins Mittelalter hinein als unwirtliche Wildnis. Aber an seinem Rand, wo sich das Donautal in die Ebene öffnet und wo der Manhartsberg zum Weinviertel absinkt, erstrecken sich lieblichere Gefilde! Hier siedelte der Mensch schon durch Jahrtausende, baute den Kamp entlang seine wehrhaften Ansitze und stattlichen Mühlhöfe, kultivierte den Boden mit Korn, Obst und Wein bis in unsere Zeit herauf …
Die Landschaft selbst blieb freilich unentdeckt, war Lebens- und Arbeitsraum, aber nicht mehr! Bis zum Biedermeier – wie Gutenstein seinen Ferdinand Raimund, bekam nun das Waldviertel seinen Johann Anton Friedrich Reil. Einen Hofschauspieler und Reiseschriftsteller, der 1815 als „gemütvoller Wanderer ob dem Manhartsberg" unser Viertel entdeckte und beschrieb („Der Wanderer im Waldviertel", herausgegeben von W. Häusler im Österreichischen Bundesverlag 1981).

Nachfolger fand er erst Jahrzehnte später, die dafür aber auch gleich blieben! Es waren Wiener aus gutbürgerlichen Kreisen, diese ersten Sommerfrischler, die nun die einladenderen Gegenden des Waldviertels bevölkerten. Natürlich auch das „Weintal zwischen den steilen Felshängen und Waldbergen", in Plank, Stiefern und Schönberg ebenso wie in Gars und Rosenburg.

Seit 1889 fuhr auch die Bahn durch das Kamptal, und nun konnten die Männer wochentags in Wien ihren Geschäften nachgehen, während Frauen und Kinder den ganzen Sommer über blieben. Am Samstag kam er, am Sonntag abends fuhr er wieder ab – der heiß ersehnte Zug mit Gatten und Vätern! Kein Ende des Begrüßens und Verabschiedens, nach ganz ungewohnter Sitte für die biederen Landleute, die bald nur mehr vom „Busserlzug" sprachen!

In neuerer Zeit sind längst andere Gegenden modern geworden, und das Kamptal versank in einen langjährigen „Sommerschlaf". Aber mit den um die Jahrhundertwende entstandenen Villen, die an diese Blütezeit der Sommerfrische erinnern, blieb eine treue Gästeschar erhalten. Nun meist schon als „Zweitwohnsitzer", die etwa in Schönberg ein Drittel der Ortsbevölkerung ausmachen (früher verdreifachte sich allerdings die Einwohnerzahl durch die Gäste in den Sommerferien!).

Der Prinz für den Kamptaler Dornröschenschlaf heißt Willi Dungl, und er residiert im Biozentrum von Gars. Nicht etwa auf der Rosenburg, dem 1990 durch die Niederösterreichische Landesausstellung ausgezeichneten „Schloß in Österreich"! Dungl und Rosenburg, eine kuriose Mischung, die einem Bild der Künstlerin Sieglinde Layr (Galerie „Lyra" in Gars) entsprungen sein könnte. Erfolgreich immerhin, denn neues, unternehmerisches Leben regt sich seither im Kamptaler Fremdenverkehr.

Neueste Attraktion ist der „Kulturpark Kamptal", den unsere Wanderung durchquert. Zum Naturerlebnis und den liebenswerten Ansiedlungen kommt noch eine Fülle bestens erschlossener historischer Stätten. Sie reichen von der jüngeren Vergangenheit, an die das Sommerfrischen-Museum in Stiefern erinnert, bis in die Jungsteinzeit zurück, als vor 7000 Jahren in Kamegg die größte „Kreisgrabenanlage" auf niederösterreichischem Boden entstand!

Gerade noch rechtzeitig hat sich auch die gute alte Bahn besonnen und schickt als „Neue Bahn" (hoffentlich für längere Zeit!) einen Schienenbus stündlich durch das Tal. Und was dem Schifahrer sein Lift, das sei uns Wanderern dieser moderne „Busserlzug"! Denn zwischen Horn und Hadersdorf verläuft ein durchmarkierter Wanderweg, der vom Zug so praktisch begleitet wird. Rückfahrt? Eine kürzere Wegvariante? Kein Problem – der Neuen Bahn einen Handkuß, der „Busserlzug" macht's möglich!

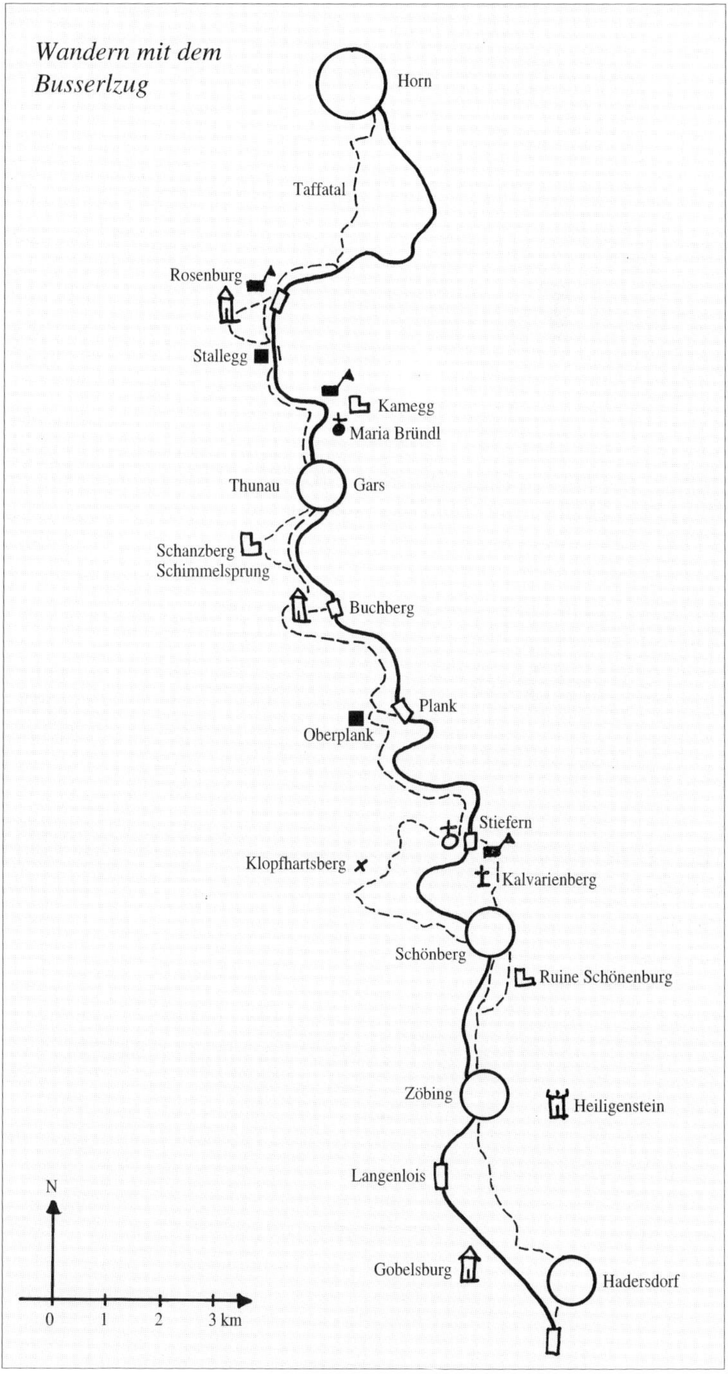
Wandern mit dem Busserlzug
Horn
Taffatal
Rosenburg
Stallegg
Kamegg
Maria Bründl
Thunau
Gars
Schanzberg
Schimmelsprung
Buchberg
Plank
Oberplank
Stiefern
Klopfhartsberg
Kalvarienberg
Schönberg
Ruine Schönenburg
Zöbing
Heiligenstein
Langenlois
Gobelsburg
Hadersdorf
N
0
1
2
3 km

A Horn – Rosenburg – Gars

Vom voraussichtlichen Endpunkt der Tour mit der Bahn nach Horn (Auskunft Bahnhof Horn Tel. 02982/2314). Dort ins Stadtzentrum zum Höbarthmuseum (sehenswerte historische und volkskundliche Ausstellung, Tel. 23 72). Gleich daneben beginnt die rot markierte Wanderroute auf dem Thaya-Kamp-Weg Nr. 631.
Vor dem Schloß links hinab und weiter ins *Taffatal*, das sich von der Georgskapelle (1684) an recht romantisch zeigt. Stets im Wald (schöne Frühlingsflora) an einer Mühlenruine und Felspartien vorbei zu zwei Stegen mit Abzweigung zum Judenfriedhof (sonntags geöffnet, am Aufstieg interessante Trockenhangvegetation).
Weiter im Talgrund den Bach entlang oder auf Hangsteigen zur Straße vor Rosenburg. Hier gleich rechts aufwärts, nun Weg Nr. 663, und auf Waldweg am Talhang entlang weiter. Vom Elisabethkircherl (1908) bergab zum Bahnhof in *Rosenburg* (ca. 260 m, 1 ½ bis 2 Std.; rechts zu den empfehlenswerten Gasthäusern).

> *Variante Schloß Rosenburg* (keinesfalls versäumen, zusätzlich nur ½ Std.): Neben der Eisenbahnbrücke über den Kampsteg und im Wald rechts aufwärts zur „Zwergllucken" (altsteinzeitliche Fundstelle, eine der vielen „Graslhöhlen"). Nun auf Steig zum Schloß (354 m, Besichtigungsmöglichkeit, Falknerei-Vorführung täglich 11 und 15 Uhr). An der Forstverwaltung vorbei, gelb markiert, wieder hinab zum Kamptalweg.

Bei der Eisenbahnbrücke auf einem Steg mit bezauberndem Schloßblick über den Kamp und links weiter, nun stets entlang der Blaupunkt-Markierung des Kamptalweges. Neben der Bahn zu einer Unterführung (Einmündung der gelben Markierung) und auf Fußweg nach *Stallegg*. Auf Fahrweg zunächst noch im Wald nach *Kamegg* (256 m, Gasthaus auch an der Hauptstraße; Ruine urkundlich 1150, barocke Wallfahrtskapelle „Maria Bründl").
Einer Asphaltstrecke folgt ein Steig zwischen Felsrand und Bahn, dann geht es ins Ortsgebiet von *Gars-Thunau* (1 ¼ Std.). Links über die Brücke zum Hauptplatz mit Einkehrmöglichkeiten und Ausstellung über die Ausgrabungen auf dem Schanzberg. Oder rechts hinauf zur gotischen Gertrudenkirche und zur Babenbergerburg.

> *Variante Schanzberg* (sehr lohnende Runde bzw. Abstecher vom Weiterweg, 1 ½ Std.; Besuch der Ausgrabungen!):

Von der Schimmelsprunggasse rechts blau markiert in die Goldberggasse und im Wald links auf dem „Wurzelweg“ zur Bergwiese am aussichtsreichen Felsabbruch (schöner Rastplatz). Rechts abzweigend zu den Resten einer slawischen Taufkirche und einer rekonstruierten Toranlage der Wallburg auf dem Schanzberg (in die Bronzezeit zurückreichend, Slawensitz der Völkerwanderungszeit, von den Babenbergern zerstört).
Zurück zum Bergrand und den Hang entlang auf schmalem Steig zur Ruine Schimmelsprung, die links voraus auf einem Waldkegel aufragt. Der Markierung nach in weiterem Bogen oder gleich steiler hinab in einen Seitengraben und zum Kamptalweg (auf diesem zurück nach Gars oder weiter wie bei B).

B Gars – Buchberg – Stiefern

Von Rosenburg kommend am Bahnhof vorbei geradeaus weiter und die Schimmelsprunggasse entlang durch das verträumte Ortsgebiet von *Thunau* (Blaupunkt-Markierung). Auf dem folgenden Fahrweg unter den Schimmelsprungfelsen zu einem Seitengraben mit Bildstock und Einmündung der Variante Schanzberg (siehe oben).
Auf Karrenweg im Wald ansteigend zur *Ruine Klösterle* und auf dem Waldweg um den Bergrücken herum, dann bergab nach *Buchberg* mit Prachtblick auf das stattliche Schloß mit seinem mittelalterlichen Bergfried (3/4 Std., links zur Bahn-Haltestelle).
Weiterweg rechts (!) zur Straße im Heidlgraben und hinter dem Schloß vorbei hinab zum Kamp. Auf Fahrweg weiter und nach einer Wehranlage leicht steigend in die freie Talweitung, wo links ein zunächst grasbewachsener Weg die Feldraine und Hecken entlang zieht. Durch einen Hohlweg hinan zur Tautendorfer Straße und links hinein nach *Oberplank*, wo der Naturpark Kamptal beginnt (1 1/2 Std. von Gars, links zum Bahnhof Plank).
Im Ort auf Güterweg rechts abzweigend (Flußlehrpfad-Markierung), durch die Mulde zur nächsten Bergecke und hinaus in den freien Flußbogen. Nahe der Eisenbahnbrücke hinab zum Kamp und die wunderschönen Auwiesen unter dem felsigen Talhang entlang (sehr schöne Flora!). Zuletzt leitet ein langer Hohlweg zur Stieferner Kellergasse (Lößgrube mit dunklem, zwischeneiszeitlichem „Verlehmungshorizont“ im Wandanschnitt!). Dort weiter zur Kirche und dem Sommerfrischen-Museum in *Stiefern* (238 m, 2 1/2 Std. von Gars). Oder gleich auf Abkürzungsweg zur Kampbrücke mit dem Flußbad, zur Bahn-Haltestelle und dem Gasthof Haimerl (Donnerstag Ruhetag).

Weiterweg nach Schönberg und Zöbing (noch ein schönes Stück des Kamptalweges, der bis Hadersdorf fortgesetzt werden kann): Der Markierung nach auf den Kalvarienberg und durch den anschließenden Hohlweg (Kreuzwegstationen von 1772) bergab nach Schönberg zum Gasthof Schonenburg (Dienstag Ruhetag) und zur Kampbrücke (¾ Std.). Hierher auch besonders lohnend über den Klopfhartsberg (siehe Seite 24) in fast 2 Std. Weiter auf dem Flußlehrpfad (siehe Seite 25) in 1 Std. nach Zöbing.

Weitere Wandervorschläge

Kurztouren:	Rosenburg – Schloß – Gars in 2 Std. (von Horn in 3 ½ Std.). Gars – Schanzberg – Schimmelsprung – Buchberg in 2 Std.
Extremwanderung:	Horn – Rosenburg – Schloß – Gars – Schanzberg – Buchberg – Stiefern – Schönberg – Zöbing in 9 bis 10 Std.

Zwischen Wein und Wald

ROUTE:	Zöbing – Heiligenstein – Manhartsberg – (Schönberg) – Kalvarienberg – Stiefern – Klopfhartsberg – Schönberg – Flußlehrpfad – Zöbing, insgesamt 7 Std., leichte Wege, aber nur teilweise markiert, vielfach sonnig.
EMPFEHLUNG:	Begehung in zwei Teilen! Rundweg Zöbing – Schönberg mit 3 ½ Std. bei der Kuhschellen- und Auwaldblüte im April (siehe A + C). Schönberg – Stiefern mit 4 ¼ Std. im Juni zur Hauptblüte der pannonischen Flora (siehe B). Auch im Herbst zur Weinlesezeit sehr lohnend! Die Gehzeiten können durch Benützung der Kamptalbahn noch verkürzt werden.
EINKEHR:	Gasthöfe in Schönberg und Stiefern.
KARTEN:	Österr. Karte Nr. 38 und 21, Freytag & Berndt WK 072.
INFORMATION:	Gemeindeamt 3562 Schönberg am Kamp, Tel. 02733/227.
ZUFAHRT:	Von Westautobahn, Abfahrt St. Pölten, über Kremser Schnellstraße und Langenlois (Richtung Horn) oder von Wien über Stockerau und Hadersdorf (Richtung Kamptal).

Aus keiner anderen Richtung öffnet sich das Waldviertel so freundlich und einladend wie vom unteren Kamptal her. Sonnige Rebhügel lassen die Waldränder zurücktreten, und vom Auslauf des Manhartsberges blickt die Kamptalwarte auf das in purer Weinseligkeit eingebettete Zöbing.
Die romantische Weinbergstraße und der von einem Auwaldsaum begleitete Kamp leiten talauf nach Schönberg. Erst hinter der Flußschlinge um den gegen Stiefern gelegenen Kalvarienberg beginnt das „waldviertlerische" Kamptal, wo Wälder und Felsvorsprünge näher heranrücken. Die freundliche Natur des gegen die Ebene auslaufenden Tals „spiegelt" sich im geschichtlichen Hintergrund! Schon die steinzeitlichen Jäger blickten vom Heiligenstein über die wildreiche Kampniederung.

Ob die Römer hier bereits Weinbau betrieben? Fest steht jedenfalls, daß die Talorte seit dem frühen Mittelalter bei geistlichen und weltlichen Herren als Besitztümer wegen ihrer Weingärten sehr gefragt waren. So verdankt der am frühesten geschichtlich festgehaltene Ort des Kamptals, nämlich Stiefern, seine um 900 erfolgte urkundliche Nennung einer solchen Schenkung: Ein slawischer „vir venerabilis" namens Joseph, also ein bereits christianisierter Edelmann, übereignet dem bayerischen Hochstift Freising einen Winzerhof. Die herrschaftlichen Lesehöfe sind Zeugen der Weinbau-Tradition, etwa der Altenburger Hof an der Zöbinger Hauptstraße, der in einem Medaillon die Jahreszahl 1677 trägt.
Zöbing lebt heute, wie schon um die Jahrtausendwende, vom Weinbau. Während die Weingartenterrassen von Stiefern flußaufwärts seltener und vielfach aufgelassen erscheinen, blüht hier die Rebkultur. Die steilen Terrassen des Heiligensteins wurden sogar erst in den letzten Jahren zu neuen Rieden umgebaggert, denn der Riesling vom Heiligenstein behält Preis und Qualität, sollten die Weinpreise auch noch so in den Keller purzeln! Das benachbarte Langenlois und Schloß Gobelsburg sind ebenfalls Stätten gepflegter Weinkultur.
Schönberg hat ein auffallend geschichtsträchtiges Aussehen, vielleicht wegen seiner wehrhaften Kirche, und war auch tatsächlich alter Kuenringerbesitz. Noch weiter in die Vergangenheit weisen die Ausgrabungen auf dem Schanzberg bei Gars, die ein slawisches Siedlungszentrum des frühen Mittelalters dokumentieren.
Auch die Landesherren meldeten in der Gegend schon früh ihre Ansprüche und Interessen an. Der Babenberger Leopold II. residierte auf der Burg Gars und wurde 1095 in der Burgkapelle bestattet. Ihm ging es wohl um die Ausdehnung seiner Mark in den „Nordwald", gegen den böhmischen Grenzraum.
Handel und Kriegsnöte belebten immer wieder das untere Kamptal – im guten wie im schlechten Sinn! Die Schweden zogen 1645 hier durch, und nach diesem Kriegssturm lag die Schönenburg verödet. Nur mehr ein Turm und mächtige Bastionen erinnern an diese Kuenringerburg. Im Juni erblühen auf den Schutthalden die golden leuchtenden Säulenarme der Königskerzen, sodaß ich mich bei dieser Wanderung in eine ferne Kindheit zurückversetzt fühlte. Die Sage vom Königskerzenschloß! Nur mehr Bruchstücke sind, wie spärliche Mauerreste der Erinnerung, in meinem Gedächtnis haften geblieben …
„Kriegsnot zog über das Land. Schon rüsteten die Bewohner des Schlosses zur Flucht, nur mit dem Nötigsten versehen. Aber da stand noch der Leuchter im Rittersaal, schwer von Gold und mit weit ausladenden Armen. Unmöglich ihn mitzunehmen, aber dem Feind zu überlassen? Da nahm ihn der Kastellan und schleuderte ihn hinab in

den Burggraben! Die Jahre vergingen, der Krieg war längst vorbei, doch das Schloß blieb öde und leer und sank schließlich in Trümmer. Wenn aber die Sonne im Jahr ihren höchsten Stand erreicht hat, erheben sich aus dem Schutt der einst so stolzen Mauern goldene Blütenkerzen, verzweigt wie der Leuchter aus dem Rittersaal, und erinnern an Glück und Leid der in ferner Vergangenheit hier lebenden Menschen!"
Wer könnte sich solchem Zauber entziehen! Und die Verzauberung ist noch nicht zu Ende, sie beginnt erst entlang des Weiterweges, vor allem für naturliebende Menschen. Was sich mit der Kuhschellenblüte am Heiligenstein erst angedeutet hat, zeigt sich später am Klopfhartsberg in voller Pracht – eine pannonische Lebenswelt, die von hier ausstrahlt in die gegen das Hochland führenden Täler.
Unsere Wanderung reicht vom Weingelände mit dieser üppigen pannonischen Flora hinein in die Wälder des Naturparks Kamptal und führt auf dem idyllischen Flußpfad zurück zum Heiligenstein. In seiner am Hang aufgereihten Kellergasse kann der Wandertag über der vom Abendlicht überstrahlten Landschaft ausklingen, leicht und lebensfroh wie der Kamp, der die Schwermut des Waldviertels hier längst hinter sich gelassen hat!

Routenbeschreibung

A Zöbing – Schönberg

In Zöbing über die Kampbrücke (211 m) und links auf der alten Kamptalstraße bis zum „Silberörtl", dem ältesten Ortsteil mit ehemaligem Lesehof des Stiftes Dürnstein. Dort erste Abzweigung rechts durch die Hohlwegstraße „Am Heiligenstein" und gleich wieder rechts in die Kellergasse mit dem Weinlehrpfad.
Eben weiter bis in den Graben (viel Osterluzei!), aber noch vor der Bergecke im Wald links auf dem unmarkierten „steileren Weg" ansteigend und rechts wendend zur Kamptalwarte auf dem *Heiligenstein* (351 m, ½ bis ¾ Std.; nur sonntags geöffnet – Fahnensignal beim Aussichtsturm!). Prachtvolle Aussicht über Langenlois, Schloß Gobelsburg und Stift Göttweig bis zu den Alpen!
Auf Fahrweg im Wald den Bergrand entlang (vorbei am „Weinbergkreuz") und nach Linkswendung bei Kreuzung geradeaus, gelb markiert, bis zu einem querenden Güterweg. Hier schräg links auf blau markiertem Steig leicht bergab bis zu einem Rastplatz, dann durch ebene Wälder zu einer breiten Forststraße. Auf dieser links durch ein

Hochtal mit Äckern und Weingärten, bei Abzweigung der blauen Markierung (Richtung Mühlbach) geradeaus weiter. Dann einen Waldrand mit schönen Schwarzföhren entlang bis zur nächsten Kreuzung. Hier links zu einem Sattel mit dem asphaltierten Güterweg von Schönberg-Neustift (ca. 350 m, 1 Std.), auf diesem kurz bergab und gleich wieder rechts auf einer Forststraße die Hänge über dem Kamptal entlang zu einem breiten Güterweg. Auf diesem links weiter zur Ruine *Schönenburg* (ca. 300 m, 20 bis 30 Min.).
Hinter der Ruine auf einem Fahrweg ansteigend zur „Höhenweg-Forststraße", die nach Querung der roten Manhartsberg-Markierung und eines mit Ginsterbüschen bewachsenen Grabens einen breiten Platz an der Bergecke erreicht. Dort unterhalb eine etwas versteckte Rastbank über einem bemerkenswerten Biotop aus Trockenrasen und Felssteppe mit typischer pannonischer Flora und einem im Juni einladenden Vogelkirschenbaum am unteren Wiesenende! Der Weiterweg nach Stiefern (siehe B) führt gleich die Höhenweg-Forststraße entlang.
Abstieg nach Schönberg: Vom Rastplatz auf dem Waldweg mit einer Kehre hinab in den Graben und durch die Bergstraße zum Gasthof Schonenburg in Schönberg (226 m, ½ bis ¾ Std.; Dienstag Ruhetag). Nur wenig entfernt – am Beginn des kunstvollen Kalvarienberges von 1772 – steht die Figurengruppe „Urlaubung". Links weiter zur Pfarrkirche und dem Marktplatz oder gleich rechts haltend zur Kampbrücke mit Anschluß an C.

B Schönberg – Stiefern – Klopfhartsberg

Vom Marktplatz in Schönberg rechts in der Neustifter Straße (über den Mauern ein pannonischer Strauch, Bocksdorn oder Teufelszwirn genannt!) bis zu einer Bildsäule von 1680 und links durch die Seitengasse „Am Schloßberg" ansteigend, an hübschen Villen der Sommerfrischenzeit um 1900 vorbei, zur Ruine *Schönenburg* (20 Min.).
Auf dem Fahrweg hinter der Ruine links ansteigend zur Höhenweg-Forststraße und weiter zur Bergecke mit dem Rastplatz wie bei A. Nun aber auf der Forststraße weiter (anstelle des alten Höhenweges, in den Karten noch nicht eingezeichnet!). Sie führt fast eben durch die Hangwälder des Kamptals nach Norden, geht die Bergfalten bequem aus und durchquert den felsigen Einschnitt des Weißentals (nicht rechts abzweigen!). Dann steigt sie allmählich an und erreicht nahe der Großen Heide die Manhartsbergstraße.
Geradeaus weiter über den pannonisch anmutenden Rasenhang zur schon sichtbaren *Hubertuskapelle* (ca. 405 m, 1 ½ Std. von der

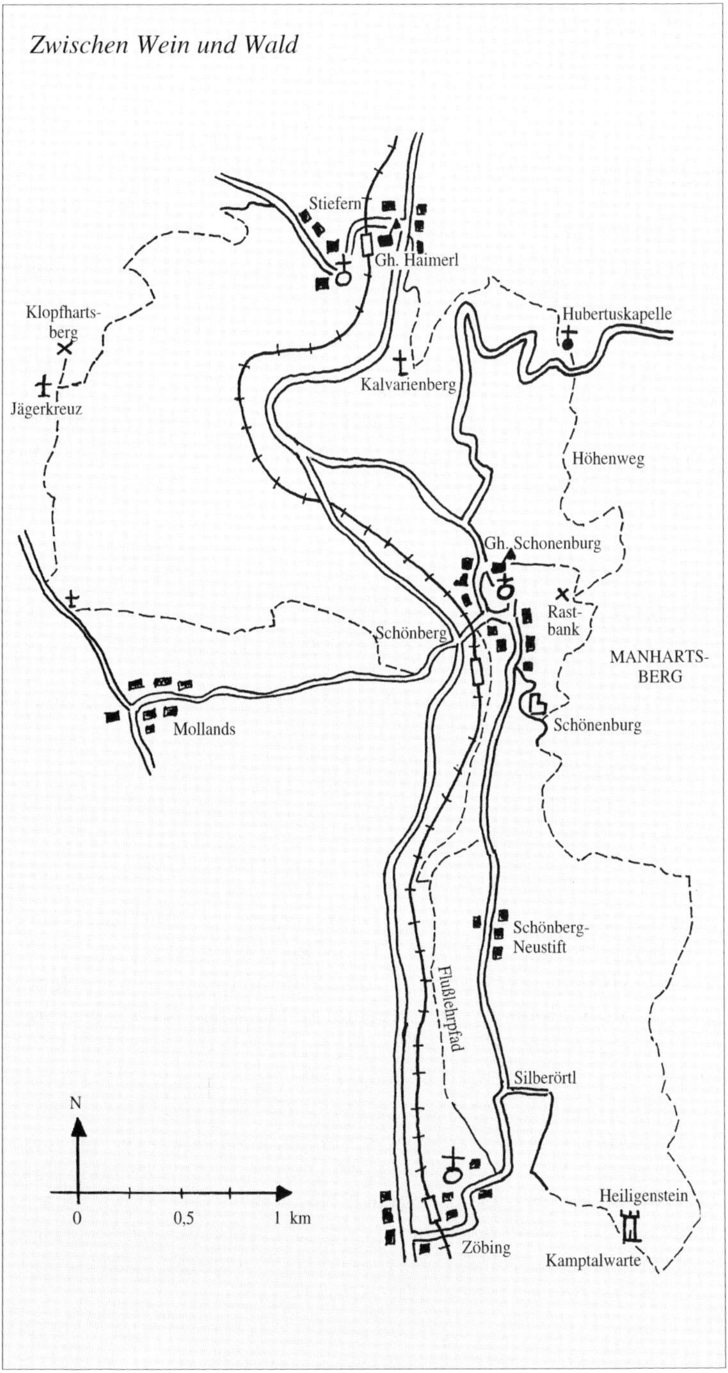

Zwischen Wein und Wald
Stiefern
Gh. Haimerl
Klopfharts-
berg
Jägerkreuz
Hubertuskapelle
Kalvarienberg
Höhenweg
Gh. Schonenburg
Rast-
bank
Schönberg
MANHARTS-
BERG
Mollands
Schönenburg
Schönberg-
Neustift
Flußlehrpfad
Silberörtl
N
0
0,5
1 km
Heiligenstein
Zöbing
Kamptalwarte

Ruine; Prachtblick auf Schönberg und das untere Kamptal, leider keine Rastbank).
Auf neuem Forstweg weiter zur roten Markierung, die links durch den Wald und an einem aufgelassenen, nun blumigen Weingarten vorbei zum Einschnitt des Kalvarienberges hinabführt. Dort über Stufen zum freien Rastplatz bei der Kreuzgruppe (auffallend viele Wachsblumen!). Der nach Stiefern hinabführende Weg mit seinen nur wenig kunstvollen Bildstöcken kann gleich von der Anhöhe nördlich absteigend erreicht werden. Auf dem Fahrweg mit schöner Aussicht hinab zur Straßenkreuzung von *Stiefern* beim Gasthof Haimerl (ca. 225 m, 3/4 Std., Donnerstag Ruhetag).
Das Kamptal querend zur Kirche von Stiefern und links die Häuserzeile entlang zur Thürneustifter Straße. Vor deren Berganstieg aber links über den Bach, auf der ansteigenden Forststraße weiter und gleich nach den Häusern links unmarkiert abzweigend durch den für das mittlere Kamptal typischen trockenen Hanglaubwald. Ein besonders schönes Wegstück folgt dann im freien Gelände, das leicht ansteigend nach links durchquert wird – malerischer Blick über Ackerstreifen und teilweise aufgelassene Weingärten auf Stiefern und Schönberg, Wegränder mit vielfältiger pannonischer Flora, sogar die erst weiter östlich heimische Sibirische Glockenblume blüht hier! Im Bergwinkel links durch den Wald den Klopfhartsberg schräg hinan zum Sattel beim ehemaligen „*Jägerkreuz*“ (ca. 400 m, 3/4 bis 1 Std.).

> *Variante Klopfhartsberg* (430 m, zusätzlich 20 Min.):
> Nördlich ansteigend zum nahen Waldrand, der den bereits mit niedrigen Büschen durchsetzten Trockenrasen des Südhanges umrahmt. Weite Aussicht! Die aus Ultrabasit aufgebaute Anhöhe ist auch geologisch interessant – die löcherig zerfressenen Chalzedonbrocken des Gipfels wurden einst für Lava und der Berg für einen erloschenen Vulkan gehalten! Gesteinsaufschluß an einer Felssteppe nahe dem Stieferner Weg (oberhalb der verzweigten Föhre kurz vor dem Sattel).

Das folgende freie Hügelgelände mit Weingärten, Feldern und Brachflächen bietet eine sonnige, aber dennoch sehr ansprechende Wanderstrecke. Anfangs noch über steinige Hochflächenböden, dann steiler hinab in die Hohlwege der Lößlandschaft. Besonders reizvoll ist hier die üppige und farbenprächtige, typisch pannonische „Ruderalflora“ (Fachbezeichnung für die sogenannten „Unkräuter“ an Weg- und Feldrainen).
Von der sternförmigen Wegkreuzung beim Jägerkreuz geht es auf dem leicht links etwas bergan führenden Fahrweg weiter bis zur Kreuzung bei drei Föhren. Dort vom Asphaltweg gleich wieder

rechts ab zur Mollandser Straße (immer gegen Süden), von dieser bei Eisenkreuz die erste Abzweigung links hinunter zum asphaltierten Güterweg, der als *Weinlehrpfad* im Bogen in den Bernthalweg leitet. Bei einer Mariensäule von 1693 links auf der Straße zur Kreuzung in Schönberg (ca. 220 m, 1 Std.).

C Schönberg – Zöbing

Von der Kampbrücke in Schönberg (ungewöhnliche barocke Nepomukgruppe unter einem Baldachin!) flußabwärts den markierten, mit Hinweistafeln und Rastbänken versehenen *Flußlehrpfad* entlang. Bei Schönberg-Neustift wird über einen Steg ans andere Ufer gewechselt (Einmündung des mit Blaupunkt markierten Kamptalweges Nr. 620). Meist am reizvollen Kampufer entlang, das von einem schmalen Auwaldstreifen mit teils mächtigen Baumriesen begleitet wird. Vom Zöbinger Flußbad an auf dem Mühlweg zur Heiligensteinstraße und zum Ausgangspunkt bei der Kampbrücke in Zöbing ($^3/_4$ bis 1 Std.).
Besonders im Frühling (Mitte April) prachtvoller Blumenwuchs mit Lerchensporn, Buschwindröschen und Gelbem Windröschen, Scharbockskraut, Wald-Gelbstern und dem unscheinbaren Moschuskraut (grüngelber, absonderlich angeordneter würfelförmiger Blütenstand). Hinter dem Flußbad am Abbruch der Niederterrasse Trockenrasen und Felssteppe (Kuhschellen, der seltenere Böhmische Gelbstern, Gelber Lauch u. a. pannonische Gewächse). Gute Gelegenheit zu Vogelbeobachtungen!

Weitere Wandervorschläge

Kurztouren:	Schönberg – Ruine Schönenburg – Höhenweg-Rastplatz – Schönberg in $1^1/_4$ Std. Zöbing – Heiligenstein – Güterweg Schönberg-Neustift – Flußlehrpfad – Zöbing in $2^3/_4$ Std. Zöbing – Stiefern (wie A + B) in 4 Std. bzw. Stiefern – Klopfhartsberg – Schönberg – Zöbing in 3 Std., jeweils unter Benützung der Kamptalbahn.
Extremwanderung:	Gesamte Runde zwischen Zöbing und Stiefern in 7 Std.

Den Pulsschlag der Natur spüren

ROUTE:	Kraftwerk Rosenburg – Hängender Stein – Bründlleitenweg – Steinegg – (Altenburg) – Ödes Schloß – Rosenburg, insgesamt 5 ½ Std. auf gut markierten, teils schmalen Steigen und Forststraßen. Interessante Wanderung, als naturkundliche Exkursion vorzüglich, reiche Frühlingsflora, schönste Blütezeit Anfang Mai!
EMPFEHLUNG:	Bei Nächtigung in Steinegg (Voranmeldung im Gasthof günstig) kann man 20 km naturbelassenes Kamptal in zwei Tagestouren erleben.
EINKEHR:	Gasthof Dunkler in Steinegg, Tel. 02987/2270, Gasthöfe in Rosenburg.
KARTEN:	Österr. Karte Nr. 20 und 21, Freytag & Berndt WK 072.
INFORMATION:	Stift Altenburg, Tel. 02982/3451, Schloß Rosenburg, Tel. 02982/2911, Institut für Öko-Ethologie, Tel. 02982/2818.
ZUFAHRT:	Von Horn oder Krems nach Rosenburg, von der Zufahrtsstraße zum Schloß vor der Kampbrücke rechts abzweigend zum Kraftwerk (Sackgasse). Nach Steinegg über Gars am Kamp – St. Leonhard am Horner Wald oder von Horn über Altenburg – Fuglau.

Das Fahrzeug abstellen und losmarschieren. Drei Stunden Natur pur, Felskanzeln und Steige hoch über dem Fluß, den hier weder Weg noch Steg kreuzen. Keine menschliche Siedlung bis zur Mittagsrast in einem gastlichen Wirtshaus. Der Rückweg – kein Schritt, wo man schon gewandert ist. Dafür die Wahl, ein „Ödes Schloß“ auf blumenverwuchertem, den Fluß zu weiter Schlinge zwingenden Felsen oder ein Stift in prächtigem Barock. Mit dem letzten Wanderschritt heraus vom Waldsteig wieder zum Ausgangspunkt, zurück in die Menschenwelt mit aller nun wartenden Bequemlichkeit.
Gut erfunden, eine solche Idealtour? Nein, es gibt sie schon – im Kamptal zwischen Rosenburg und Steinegg! Der Wandertag ist hier

ideal eingeteilt, sogar Blumenliebhaber und Fotografen finden genügend Zeit. Auch wenn sich die Vielfalt der Natur kaum überbieten läßt. Ein romantisches Landschaftsbild reiht sich an das nächste typische Biotop, ein Bilderbuch der Natur, das mit dieser Wanderroute aufgeschlagen wird! Wer aber nur Stille und Weltabgeschiedenheit in sich aufnehmen will, findet genug Zeit zu besinnlichem Rasten …

Menschliche Eingriffe gibt es nur am Start- bzw. Zielpunkt, und die sind durchaus historisch. Ein Kraftwerk, mit dem das Gefälle des Umlaufberges ausgenützt wird, entstand schon 1907. Das barocke Mühlgebäude daneben trägt die Jahreszahl 1613 und beherbergt heute ein Ökologisches Forschungszentrum.

Der oft genug frustrierte Naturschützer mag hier einmal die Genugtuung auskosten – an dieser Stelle wurde 1982/83 der weitere Aufstau des Kamptals verhindert und ein Juwel der Waldviertler Landschaft bewahrt!

Routenbeschreibung

A Rosenburg – Bründlleiten – Steinegg

Beim Kraftwerk Rosenburg (bei der Rauschermühle; 266 m) auf einem Steg über den Kamp (links abzweigend rot markierter Steig zur Rosenburg) und vom Fahrweg links gleich bergauf zum Sattel am *Umlaufberg*. Geradeaus geht es bergab zum Fischereilehrpfad, der rot und grün markierte Weiterweg führt aber links den Hang entlang zur ersten Felskanzel mit schöner pannonischer Flora.

Vom folgenden alten Fahrweg im Elendgraben quert man rechts auf einem Steig über den Bach (rechts abzweigend zum *Hängenden Stein*, einem Amphibolitturm mit Klettergarten). Höher oben auf einem einmündenden Forstweg rechts weiter zur Wegteilung an der Bergecke. Hier rechts auf schmalem, rot markierten Steig, später auf einem Forstweg durch die *Bründlleiten*.

Von weiteren rechts unterhalb des Steiges vorspringenden Felskanzeln sehr reizvolle Aussicht, zunächst auf das Kampwehr beim ehemaligen Froschhof mit dem Umlaufberg, Stift Altenburg und zuletzt auf den nächsten Umlaufrücken mit dem Öden Schloß, im Mai üppige Steinkrautblüte!

Um den steinigen Rücken mit trockeneren Waldpartien herum leicht bergan und nach einer Lichtung eher abwärts zu einer Forststraße, die gleich wieder links verlassen wird (bei fehlenden Markierungen

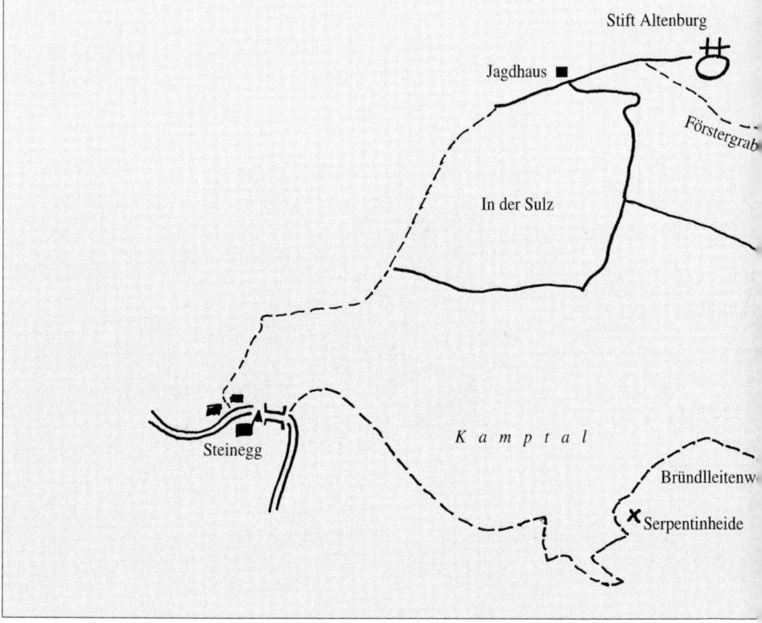

recht unübersichtlich). Vom folgenden Rücken mit Blöcken im Föhrenwald auf steilem Steig hinab zu einem Forstweg und durch Nadelwald mit spärlichem Ausblick auf eine felsgesäumte Kampschlinge weiter. Um den nächsten Rücken herum durch heideartigen Nadelwald mit den geologischen und botanischen Besonderheiten einer „*Serpentin-Waldsteppe*" (ca. 370 m, 1 ½ Std.).

> Oberhalb des Weges der sehr seltene Serpentin-Streifenfarn! Dazu Weißes Fingerkraut, das gelbe Sandfingerkraut, Heideginster und niedriger Geißklee, im Föhrenwald Heidekraut- und Heidelbeerenunterwuchs. Im Frühsommer auffallend Pechnelken, Backenklee, Nickendes Leimkraut, Färberginster, Ebensträußige Wucherblume u. a.

Nach einem Hangbogen folgt ein Seitengraben mit der von Wanzenau herabkommenden breiten Forststraße. Auf dieser geradeaus weiter, erst nach Querung einer Stromleitung bei deutlicher Wegteilung links abzweigen und durch die Furt des Kotbaches mit üppiger Hochstaudenflora zu einer idyllischen Waldwiese.
Um den flachen Rücken herum in den Waldhang mit einem „Promenadenweg", zu dem schon der Kamp heraufrauscht (wieder

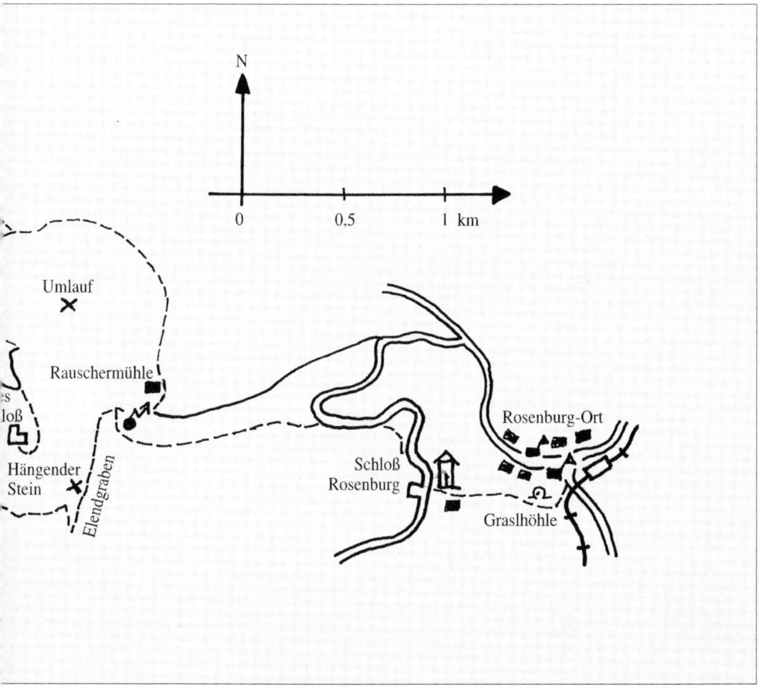

ein Serpentinzug mit spärlicherem Streifenfarn). Dann geht es hinaus ins freie Gelände, einen wunderschönen Rain entlang mit vielfältigen Blumen (u. a. Knöllchen-Steinbrech, gelb blühendes Silber-Fingerkraut und das seltene weiße Felsen-Fingerkraut). Die aus Löß mit Geröllschutt bestehenden Terrassen entlang und durch ein letztes Waldstück zur Kampbrücke in *Steinegg* und zum Gasthof Dunkler (302 m, 1 ¼ Std.).

Biedermeierbau mit Innenhof und Gastgarten am Kampufer, ehemals Mühle, flußaufwärts Badegelegenheit (Äskulapnattern!). Abstecher zur Ruine Steinegg siehe Seite 38!
Der Weiterweg (siehe bei B) bietet zwei wunderschöne Biotope:
Auf der Hangterrasse eine Brachfläche mit Trockenrasensaum (Steinbrech, Kleines Habichtskraut – im Volksmund „Dukatenröschen", mehrere Nelkenarten, Großer Ehrenpreis, Aufrechtes Fingerkraut).
Anschließend ein heller, trockener Hang-Laubwald mit Hainbuchen (Waldmeister, Zahnwurz) und bergan immer mehr Eichen und stattlichen Rotbuchen (Weißwurz, Sternmieren, Hainsimsen und Nickendes Perlgras).

In Steinegg gegenüber dem Gasthaus, rot markiert, neben einem Keller die steile Böschung hinauf zu einer ebenen Terrassenfläche und rechts in den Wald mit allmählich wieder steilerem Weg, der links wendend den Plateaurand und die erste Kreuzung der Forststraßen erreicht (ca. 460 m, geradeaus markiert zum Stift Altenburg).
Hier rechts rot markiert Nr. 620 ziemlich eben durch die hohen Mischwälder *In der Sulz* mit üppigem Unterwuchs (Mondviolen und eine stattliche Abart des Wiesenschaumkrauts) bis zu einem Schlagrand mit Blick übers Kamptal. Nun links bis zur nächsten Kreuzung vor einem Jungwald (Einmündung der Altenburg-Variante, siehe D). Rechts in östlicher Richtung weiter, an einem schönen Ausblick auf Stift Altenburg vorbei und geradeaus allmählich bergab. Zuletzt geht es einige Schlaglichtungen und einen pannonisch anmutenden Rücken entlang (u. a. Färberkamillen!) zur Bergecke mit Abzweigung zum „Öden Schloß" (ca. 320 m, 1 ½ Std.).

> *Variante „Ödes Schloß"* (kaum 10 Min., herrlicher Rastplatz): Rechts abzweigend auf einen Waldweg und über die ehemaligen Burggräben und Vorwälle hinweg im Linksbogen auf den Rücken des Kleinen Umlaufberges mit der Ruine: im 13. Jh. urkundlich als Burg „Stein am Kamp" oder „Tursenstein", 1396 im Besitz des Stiftes Altenburg abgebrochen, eindrucksvolle Reste der Umfassungsmauer.

Zurück zur Abzweigung und auf der Forststraße, rot Nr. 620 markiert, bergab bis nahe ans Kampufer. Hier links auf schmalem Steig durch einen Schlag und steilen Wald querend weiter, wieder zum Ufer hinab und durch Auwaldgelände an die Mündung des von Altenburg kommenden Försterbaches (gelbe Markierung). Die aufgeforsteten Talwiesen entlang und bald auf einen überaus hübschen Waldsteig, der über Geröll und unter Felsstufen mit typischer wärmeliebender Flora den Kampbogen ausgeht. Das Ufer des hier nur spärlich wasserführenden Kamp entlang (allenfalls Möglichkeit zu Vogelbeobachtungen). An Resten der Altenburger Tiergartenmauer und einer Hofruine vorbei bis zum Ende der Wanderung bei der *Rauschermühle* (266 m, 1 Std.).

C Variante Schloß Rosenburg

Bei Ausgangspunkt Steinegg zuerst die Strecke über Ödes Schloß bzw. Altenburg in Richtung Rosenburg begehen (2 ½ Std.)!
Oberhalb des Krafthauses rot markierter Waldweg am schattigen Kampufer entlang und rechts ansteigend zur Straße, die nächste Kehre abkürzend zum „Schloßblick" und zur *Rosenburg* (354 m, ½ Std., Führungen, äußerst sehenswerte Falknerei-Vorführung täglich um 11 und 15 Uhr).
Beim Forsthaus links grün markiert hinab zur „Zwergllucken" in einem vom Urkamp ausgewaschenen Felsvorsprung (sagenumwobene Höhle als Zufluchtsort des Räuberhauptmanns Grasl, altsteinzeitliche Fundstelle). Unterhalb über den Kampsteg mit berühmtem Burgblick in den Ort Rosenburg (¼ Std., sehr gute Gasthöfe). Links auf der Straße in ½ Std. zum Kraftwerk bei der Rauschermühle zurück, auf kaum halber Strecke (vor der Kampbrücke) schon rechts abzweigend auf schattiger Nebenstraße. Sehr lohnend!

D Variante Stift Altenburg

Wie bei B durch die Wälder „In der Sulz", aber weiter zum Stift (1 ¼ Std. von Steinegg). Zurück bis zum Jagdhaus und auf links abzweigender Forststraße im Bogen südlich ansteigend (nicht rechts abzweigen!) zur Einmündung in die rote Markierung Nr. 620 zum Öden Schloß, bis dorthin 1 ¼ Std. (lohnender als der direkte Abstieg vom Stift durch den gelb markierten Förstergraben, aber ½ Std. länger).

Weitere Wandervorschläge

KURZTOUR:	Stift Altenburg – Ödes Schloß – Förstergraben in 2 Std.
EXTREMWANDERUNG:	Steinegg – Stift Altenburg – Ödes Schloß – Rauschermühle (Kraftwerk) – Schloß und Ort Rosenburg – Kraftwerk – Bründlleitenweg – Steinegg in 8 Std.

Horner Wald – drüber und drunter!

ROUTE:	St. Leonhard am Horner Wald – Wilhalm – Idolsberg – Wegscheid – Kamptal – Steinegg – St. Leonhard, insgesamt 6 ½ Std., wenig anstrengende, aber schlecht markierte Plateauwanderung und abwechslungsreiche, auch geologisch interessante Flußstrecke!
EMPFEHLUNG:	Bei Nächtigung nach der Rosenburger Runde (siehe Seite 31) in der Morgenkühle Aufstieg nach St. Leonhard.
EINKEHR:	Gasthöfe in St. Leonhard, Krumau, Wegscheid und Steinegg.
KARTEN:	Österr. Karte Nr. 20, Freytag & Berndt WK 072.
INFORMATION:	Gemeindeamt 3572 St. Leonhard am Horner Wald, Tel. 02987/22 20, Marktgemeinde 3543 Krumau am Kamp, Tel. 02731/82 30.
ZUFAHRT:	Von Gars am Kamp (ab St. Pölten oder Wien über Krems und Richtung Kamptal) nach St. Leonhard. Oder von Horn über Altenburg – Fuglau nach Steinegg.

Der Kamp hat seinen Namen von den Kelten. Wegen seiner vielen Windungen nannten sie das aus dem Herzen des Waldviertels kommende Gewässer „Kampos“, den krummen Fluß. In den Hochlandmulden kann diese Bezeichnung nicht entstanden sein, sondern nur am Mittellauf des Flusses, wo sich am „Umlauf“ bei Altenburg auch eine keltische Höhensiedlung befand.
Sogar durch härtestes Granulitgestein hat sich der Kamp hier im Horner Wald bis zu 300 m tief eingeschnitten. In den Flußschlingen holt sich das Wasser wie ein Pendel mit jedem Schwung neue Kraft, schürft sich in die Tiefe und gleicht damit die Hebung der Landoberfläche aus. So entstand in Jahrmillionen, als im Süden die gegen das Urgebirge herandrängenden Alpen emporwuchsen, der vielfach gewundene Kamplauf. Weniger Ortskundige stellen sich unter Kamptal meist nur die fjordartige Seenkette bei Ottenstein, Dobra und Thurnberg vor. Oder den träg dahinfließenden, von Wehren und

Mühlbächen gegliederten Unterlauf bei Gars. Alles „Natur aus zweiter Hand", mag sie auch von der Fremdenverkehrs- und Elektrowirtschaft noch so gepriesen werden!
Die urtümlich gebliebene Flußlandschaft „Kamp" ist jedoch nur mehr zwischen Wegscheid und Rosenburg zu finden – in jenem Engtal des Horner Waldes, wo über den Steinblöcken am Flußufer oft nur für einen schmalen Steig Platz ist. Bei Steinegg kreuzt zwar ein uralter Verkehrsweg das Kamptal. Sonst aber blickt die mächtige Burg Schauenstein über eine unbesiedelte Waldwildnis, seit die herrschaftlichen Mühlhöfe unten am Fluß verlassen und verfallen sind. Im letzten Moment wurde der Wert dieser Urlandschaft erkannt und vor dem Versinken im nächsten Stau der Kamp-Kraftwerkskette bewahrt!
Läßt sich die Flußstrecke zwischen Rosenburg und Steinegg in einer idealen Runde umwandern, scheint der überaus lohnende Pfad von Wegscheid nach Steinegg sozusagen „in der Luft" zu hängen, will man ihn nicht zweimal begehen. Denn viel zu wenig bekannt ist das Hinterland des Horner Waldes, den die vorgeschlagene Rundwanderung über ein reizvolles, bäuerlich kultiviertes Hochland umkreist. Der „Gipfel" liegt bei dieser Tour tief unten im Tal, der Ausgangspunkt hoch oben in St. Leonhard. Ist das nicht eine „verkehrte Welt", dieses Wanderwaldviertel?

Routenbeschreibung

A St. Leonhard – Idolsberg – Wegscheid

Von der Pfarrkirche in St. Leonhard (582 m) die Ortsstraße bergab, zwischen Gasthof Mayer und der Bäckerei geradeaus bis zum Ende der neuen Siedlung. Ein Fahrweg mit roter Markierung Nr. 358 führt schräg rechts durch das Gehölz und am Waldrand rechts weiter. Beim nächsten Waldrand links zunächst außerhalb des Waldes hinab, dann auf Karrenweg in den Graben, der gleich wieder schräg links, zum Haus Teichleiten abzweigend, verlassen wird.
Weiter auf asphaltiertem Güterweg zur ehemaligen Teichmühle (auch Brauneckmühle genannt, ca. 460 m). Nun unmarkiert von der Straße abzweigend, an einem Leitungsmast vorbei, über die Wiese zu einem kleinen Seitengraben, dort auf dem alten Kirchensteig hinauf nach *Wilhalm* (ca. 500 m, 1 Std., unter der Dorfkapelle bemerkenswerte Brunnenstube!).
Neben der Kapelle auf der oberen Ortsstraße ansteigend hinaus auf den „Bigl" (Aussicht auf Altpölla jenseits des Kamptals), auf dem

rechten Fahrweg durch einen seichten Graben und links um den Waldrücken am „Gerndl“ herum. Durch Föhrenbestand bergab, unter Felsen und Blockhalden aus Gföhler Granitgneis vorbei in den tiefen Bruchetgraben (ca. 460 m, kaum Markierungen). Hier sehr schlecht markierte Abzweigung! Gleich wo der Fahrweg die Talsohle erreicht hat (Mauerreste), rechts durch die stark verwachsene Senke und über den Bach hinauf zur Forststraße, die nach Wegscheid führt.

> Lohnend ist folgender kleine Umweg – auf dem Fahrweg bleibend bis zu einem Einschichthaus, gegenüber Steg über den Bruchetbach, Steigspuren talab und hinauf zur Forststraße, die nach Wegscheid führt (Möglichkeit zur Abkürzung der Tour). Rechts wieder zur Markierung.

Auf der Forststraße kurz rechts und auf einer Leiter über die Böschung zu einem anfangs steilen Waldweg, über den die Bergfelder erreicht werden. Geradeaus weiter, bei querender Asphaltstraße nur wenige Meter rechts die Fortsetzung des Weges und wieder zu einem Waldgraben, wo der Weg bald asphaltiert nach *Idolsberg* hineinführt (430 m, 1 Std.).

> Stimmungsvoller Rastplatz mit Florianibrunnen, riesigen Kastanienbäumen und dem Waldsteinschen Schloß neben Kirche, Einkaufsmöglichkeit (Gasthaus am Stausee). Der folgende Weiterweg nach Wegscheid ist zwar sehr schön, aber verwinkelt und schlecht markiert. Man könnte auch einen Rundweg um den Thurnberger Stausee über Krumau mit seiner bemerkenswerten Burg anschließen und so nach Wegscheid gelangen (ca. 3 Std.).

Vom Hauptplatz in Idolsberg beim Kriegerdenkmal vorbei in einen Hohlweg hinab zur Wegteilung, rechts, rot markiert, um den Wiesenboden herum und vor einem Haus im Wald weiter. Hier geradeaus (nicht rechts den steilen Fahrweg hinauf!) bis zur Bergecke mit einzelnem Markierungszeichen, wo rechts ein verwachsener Steig in lockeren Föhrenbestand hinaufführt.
Auf diesem die Bergrippe entlang aufwärts, geradeaus am Jungwald vorbei und auf wieder deutlicherem Steig links am Plateaurand zu den *„Felsen“* mit Aussicht auf den Thurnberger Stausee und Idolsberg (Rastplätze und typische Trockenhangflora!). Nach der dritten Felskanzel rechts auf Waldweg zu einer Wiese, diese rechts umgehend und auf später asphaltiertem Fahrweg hinab nach *Wegscheid* (345 m, ¾ Std.).

Von der Kampbrücke in Wegscheid durch die Grünanlage zur barokken Ortskapelle und den vorzüglichen roten Markierungen des Kamptalweges Nr. 620. Rechts an einem stattlichen Anwesen vorbei, oberhalb Serpentinfelsen mit Trockenhangflora. Der Fahrweg folgt zuerst den Terrassenböden, später näher am Fluß dem immer mehr eingeengten Kamptal. Der üppige Pflanzenwuchs zwischen Ufergehölz und Hangmischwald verstärkt noch den naturbelassenen Eindruck!
Nach dem Betzbach schöner Aufblick zur *Ruine Schauenstein,* Wegteilung auf der folgenden Wiese mit Mühlenruine (3/4 Std., links abzweigender Aufstieg in 1/2 Std. zur Ruine mit prachtvoller Aussicht über das Kamptal). Nach einer weiteren Lichtung führt ein Fußweg in schroffes Gelände.

> Der Hangsteig windet sich im dichten Wald durch immer steileres Blockwerk, ein Serpentinklotz sticht daraus hervor, Amphibolitfelsen zeigen Granateinschlüsse, die sich auch auf Felsplatten und Sandbänken am Kampufer finden. Der folgende Gesteinswechsel zu hellerem, plattig-splittrigem Granulit ist nicht zu übersehen. Wärme und Trockenheit liebende Vegetation, am Flußufer schöne Rastplätze!

Nach der romantischen Durchbruchsstrecke des Horner Waldes folgen im allmählich wieder breiteren Kamptal Uferwiesen mit schöner Hochstaudenflora. Durch Aufforstungen und an Ackerstreifen entlang führt ein Fahrweg zur Ruine der Reitmühle. Von dort links ansteigend in den Hangwald und bei Wegweiser (Achtung!) rechts abzweigend auf Steig zur *Nepomuksäule* auf den Felsklippen (großartiger Tiefblick auf die Kampschlinge).
Der an den Steilrand anschließende Hangsteig senkt sich steil in den Schlapfengraben hinab und durchquert dann in ständig wechselnder Neigung die trockenen Waldhänge mit Felsstufen und typischem Bestand von Eichen, Föhren und Hainbuchen. Im bald folgenden Hirschengraben durchzieht ein „Lamprophyrgang“ das Granulitmassiv (massig-rundliche Blöcke von dunkelgrauem Granitkorngefüge).
Bei den nächsten Talwiesen besser abseits der Markierung am Wiesenrand weiter zu einem links haltenden Fahrweg. Bei den ersten Häusern Markierungstafel zu einem anmutigen Wiesenweg (im Mai eine Pracht von Pechnelken und Wiesenglockenblumen!). Von der Kapelle an auf der Straße zum *Gasthof Dunkler* in Steinegg (302 m, 1 1/2 bis 2 Std.).

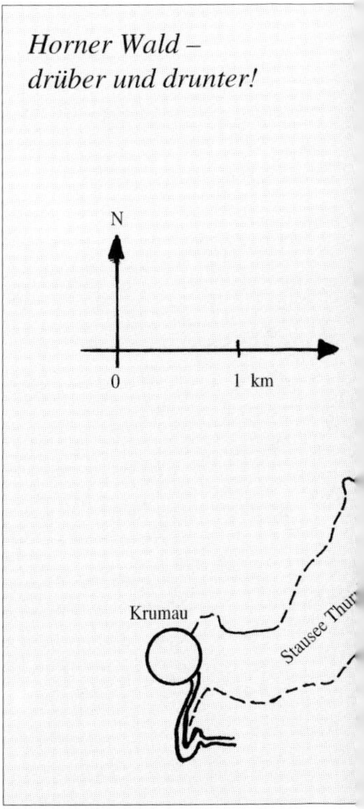

Von der Kampbrücke in Steinegg auf der Straße Richtung St. Leonhard, gegenüber dem nächsten Haus gerade hinauf zum Sattel hinter der *Ruine Steinegg* (urkundlich 1210, im 15. Jh. zerstört, romanische Baureste). Links weiter zu einer Forststraße, diese kurz rechts aufwärts und noch am Rücken gleich links hinauf durch einen alten Hohlweg mit etwas spärlicher roter Markierung, bald im Buchenwald und steiler aufwärts zur Hochfläche mit dem ersten Gehöft (ca. 480 m).

Nun gemütlicher auf schottrigem Fahrweg an den Häusern der Rotte *Hofwiesen* vorbei durch eine liebliche Landschaft mit Ausblick ins Horner Becken. Von einer Kreuzung an auf Asphalt bis zum Forsthaus auf der Palthöhe und schon in Sichtweite eines großen Bildstockes links haltend direkt auf St. Leonhard zu. Dann kurz wieder auf Asphalt zum Gehöft im Graben, wo ein blumenreiches Wegstück, den Bachlauf und ein Wäldchen querend, an einem weiteren Gehöft ansteigend vorbei weiterführt. Vom letzten Bauernhof mit einem kleinen Teich schöner Rückblick und auf der Asphaltstraße direkt hinauf zum Kirchenplatz von *St. Leonhard* (1 1/4 Std.).

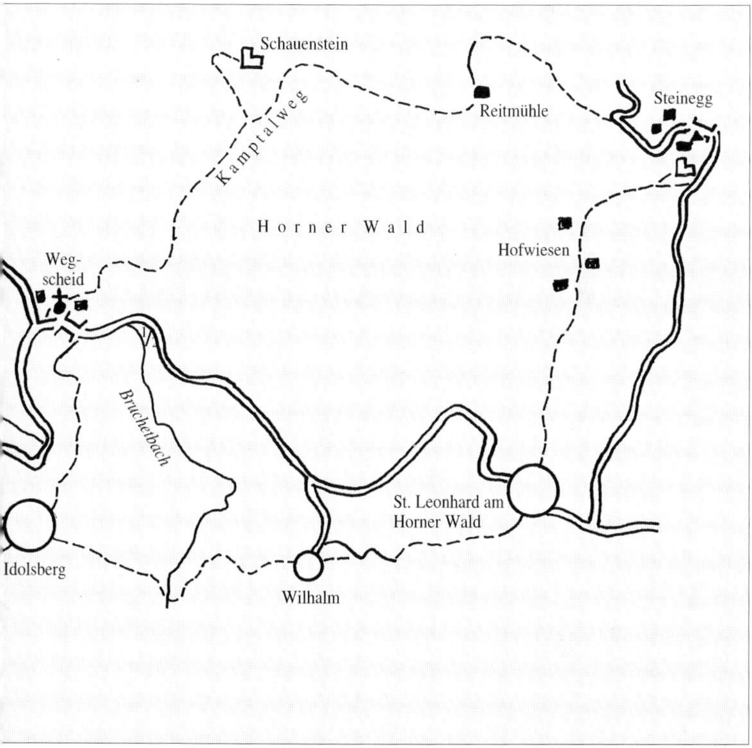

Weitere Wandervorschläge

Kurztouren: Wegscheid – Steinegg in 2 ½ Std. (für Rückfahrmöglichkeit durch abgestelltes Auto oder Taxi muß man sorgen).
St. Leonhard – Wilhalm – Bruchetbach – Wegscheid – Steinegg – St. Leonhard in 5 Std.

Extremwanderung: Gesamte Runde mit Thurnberger Stausee (Krumau) und Ruine Schauenstein in 10 Std.

Durch tiefe Täler zum Hohen Stein

ROUTE:	Zwettl – Syrafeld – Gschwendtmühle – (Schwarzalm) – Utissenbachmühle – Roiten – Hoher Stein – Schwarzalm – Zwettl, insgesamt 7 ¾ Std., vielfältige, problemlose Talwanderung mit kürzeren, bewaldeten Hochflächenstrecken, sehr gut markiert.
EMPFEHLUNG:	Sehr lohnend mit Kindern, dazu in Teilrunden wie beschrieben aufteilen (siehe auch „Kurztouren“)! Landschaftlich am schönsten im Naturschutzgebiet zwischen Utissenbachmühle und Roiten.
EINKEHR:	Hotel-Restaurant Schwarzalm, Gasthof in Roiten.
KARTEN:	Österr. Karte Nr. 19, Freytag & Berndt WK 111.
INFORMATION:	Stadtgemeinde 3910 Zwettl, Tel. 02822/524 14, Fremdenverkehrsverband Waldviertel, Tel. 02822/522 33, Marktgemeinde 3911 Rappottenstein, Tel. 02828/240, auch für Roiten.
ZUFAHRT:	Nach Zwettl von St. Pölten über Krems – Gföhl, von Westautobahn-Abfahrt Melk über Pöggstall – Ottenschlag (von Ybbs über Yspertal). Von Zwettl nach Roiten von der Gerungser Straße Richtung Rappottenstein oder von der Ottenschlager Straße zwischen Frankenreith und Grafenschlag abzweigend.

Von Krems nach Zwettl führt die kürzeste Strecke ins Herz des Waldviertels, ein schönes Reiseerlebnis und zugleich ein Querschnitt durch die vielfältige Landschaft dieses „Viertels ober dem Manhartsberg“!

Unmittelbar an die Weinterrassen über dem Donautal schließt der steile Waldanstieg zur südöstlichen Hochfläche bei Gföhl an. Westwärts steigt das freie Land höher und höher – über die „Rast“, wie

die Fuhrleute einst diese mühsame Strecke genannt haben. Bei Rastbach mit seiner Schloßkirche empfängt uns der erste romantische Teich. Burg Rastenberg ragt hoch über dem Purzelkamp, Literaturfreunden dadurch bekannt, daß die Dichterinnen Vicky Baum und Imma von Bodmershof hier einen Teil ihres Lebens verbrachten.
An Rastenfeld mit seiner „Leinenstube" vorbei führt die Hauptstraße ins Kamptal hinab und überquert dort den Ottensteiner Stausee. Bald zeigt sich Friedersbach mit gotischer Kirche und Karner. Die als Abkürzung empfehlenswerte Nebenstraße über Rastenberg mündet beim Rudmannser Teich ein. Kurz danach blickt zur Rechten der fast im Wald verborgene Turm von Stift Zwettl aus dem Kamptal herauf. Auch die Stadt Zwettl liegt tief in einer Mulde am Zusammenfluß von Kamp und Zwettl, doch steigen die Neubauten schon die Hänge zur Hochfläche hinan. An die wechselvolle Geschichte seit ihrer Gründung im 12. Jahrhundert erinnern die Türme der noch teilweise erhaltenen Stadtmauer.
Das um Zwettl eher einförmige, vielfach mit Feldern bedeckte Hochland spiegelt auch die geologischen Verhältnisse wider. Denn an die „Bunte Serie" im östlichen Waldviertel und den Rastenberger Granitstock schließt hier ein Streifen einförmiger, monotoner Gneisschichten an, den auch die von Ottenschlag kommende Straße durchquert. Bewegung kommt in die Landschaft erst, wo das granitene Urgebirge den südwestlichen Horizont begrenzt und wo der von dichten Wäldern eingehüllte Kamplauf in die Hochebene eingeschnitten ist.
Mit Felsblöcken und Teichen, mit den schmalen Wiesen und Äckern der „Streifenfluren" hat das Waldviertel seine Besucher empfangen. Alte Einkehrgasthäuser und typische Vierseithöfe begleiten die Straße. Der Waldsaum um die Dörfer rückt näher zusammen, plötzlich nur mehr Bäume beiderseits, vielleicht springt noch ein Reh über die Fahrbahn …
Noch mehr von solchem „Waldviertel" gibt es in Zwettl schon nahe dem Stadtzentrum: auf den romantischen Wegen, die vom Zwettlbach hinüber ins Kamptal und zum Gipfelkreuz auf dem Hohen Stein führen. Die über Blöcke gischtenden und an ruhigen Stellen goldbraun schimmernden Gewässer bieten sogar noch für Fischotter und Flußperlmuschel einen ungestörten Lebensraum! Für weitere Überraschungen ist unterwegs gesorgt. So trägt das Dorfmuseum in Roiten unverkennbar die Handschrift des Künstlers Friedensreich Hundertwasser, und die „Schwarzalm" entpuppt sich als ein auch für Wanderer gastliches Luxushotel!

A Zwettl – Syrafeld – Gschwendtmühle – Zwettl

Vom großen Parkplatz an der Gerungser Straße (ca. 510 m) vor dem Stadtsaal über den Zwettlfluß und, rot markiert, den Waldlehrpfad talaufwärts entlang. Dieser schöne Promenadenweg führt durch das *Zwettltal* den naturbelassenen, eher lieblich wirkenden Fluß und schmale Talwiesen entlang! Nach dem Demutsgraben durch zunehmend mit Blöcken durchsetzten Nadelwald zu einem idyllischen Wiesengrund und vom folgenden Fahrweg auf Steig links abzweigend nach *Syrafeld* (537 m, 1 Std., im Dorf ein auffallender Trockenhang!).
Über die Brücke und die Straße entlang hinauf in den Moidramswald, der bald auf Karrenweg (Abzweigung rot markiert, Nr. 12) bis vor den Feldrand durchquert wird (Geländestufen von ehemaliger Streifenflur!). Hier innerhalb des Waldrandes links zum *Kuenringerstein* unterhalb einer markanten, geschichtsträchtigen Blockburg (ca. 620 m).

> Die Legende erzählt von der *Gründung des Stiftes Zwettl*: Einem Traum folgend machte sich der Kuenringer Hadmar I. in Begleitung des Zisterziensermönches Hermann zur Jahreswende 1137/38 auf, um nach einer an diesem Wintertag grünenden Eiche zu suchen. An dieser Stelle sollte das Stift Zwettl gegründet werden! Seinen Ritt begann er hier im Moidramswald, und zum Gedenken an diesen symbolisch besitzergreifenden „Umritt" ließ der Zwettler Abt 1660 den „Kuenringerstein" setzen!

Am Waldrand weiter, die Hauptstraße überquerend, im folgenden schönen Nadelwald rechts abzweigend auf etwas verwinkeltem Weg (Achtung auf die roten Markierungen!) hinab in den Graben. Kurz auf Asphaltweg links ins Kamptal zur ehemaligen *Gschwendtmühle* (ca. 540 m, 40 Min.; Wehranlage für das E-Werk im Kamptal, Weiterweg nach Roiten siehe B).
Rückweg nach Zwettl (3/4 bis 1 Std.): In 5 bis 10 Min. den Fahrweg bergan zur Schwarzalm mit ausgezeichneter Einkehrmöglichkeit (die alte Schutzhütte ist im Hotel eingebaut!). Dann am Parkplatz vorbei zum Badeteich und gleich links hinunter zum Kraftwerk. Oder schon von der Gschwendtmühle talabwärts neben dem Werkskanal auf hübschem Weg zum ehemaligen Kraftwerk der Stadt Zwettl (nun als Kleinkraftwerk von der EVN betrieben).

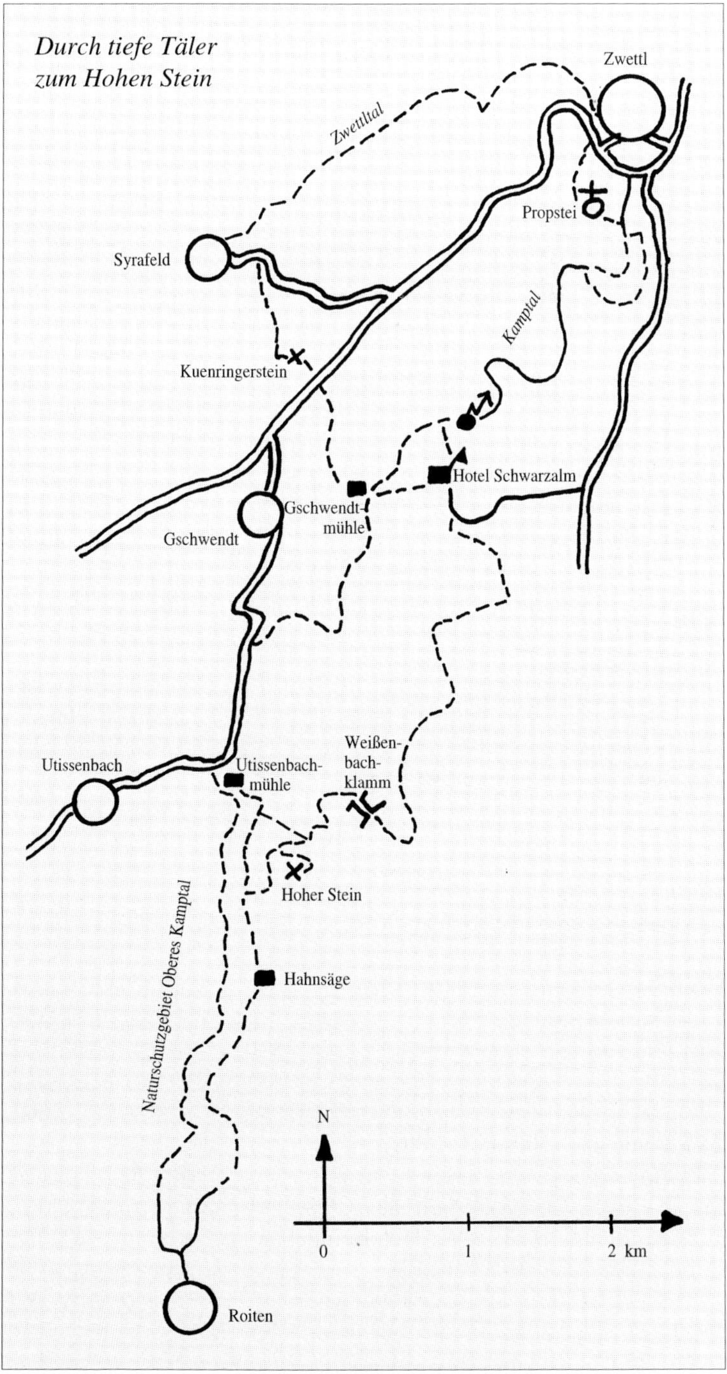

Durch tiefe Täler
zum Hohen Stein
Zwettl
Zwettltal
Propstei
Syrafeld
Kamptal
Kuenringerstein
Hotel Schwarzalm
Gschwendt-
mühle
Gschwendt
Weißen-
bach-
klamm
Utissenbach
Utissenbach-
mühle
Hoher Stein
Hahnsäge
Naturschutzgebiet Oberes Kamptal
N
0
1
2 km
Roiten

Weiter auf der Sandstraße den von mächtigen Baumriesen gesäumten Kamp entlang, an einem neuen und einem historischen Rastplatz vorbei, dann eine leichte Straßenbiegung rechts abkürzend zur Brücke beim Wasserwerk. Links führt am Wiesenboden eine schöne Promenade entlang. Rechts quert der *Touristensteig* im Waldhang zur felsigen „Kanzel" und steil hinab zum Steg beim Spielplatz.
Von der folgenden Marienkapelle kann man auf einem Steig zur *Propstei* gelangen (romanische Kirche und Kapelle mit gedrehten Lichtsäulen im Friedhof) und über den Kalvarienberg zum Ausgangspunkt absteigen. Zusätzlich ¼ Std., recht lohnend!

B Gschwendtmühle – Hoher Stein – Schwarzalm

Von der Gschwendtmühle (5 Min. auf Fahrweg von der Schwarzalm) auf dem rot markierten Talweg Nr. 1 das orographisch (in Fließrichtung) rechte Kampufer entlang – eine sehr schöne Flußstrecke mit Blöcken, golden schimmernden Tümpeln und begleitenden Hochwäldern, Auwaldsäumen und aus den Talhängen hervorbrechenden Blockstufen! Nach der Talbiegung bald in freies Gelände und auf der Asphaltstraße bei der Schwarzmühle vorbei zur *Utissenbachmühle* (552 m, 40 Min.).
Nach dem hübschen Mühlgebäude zur Wegteilung bei der Kampbrücke (geradeaus weiter nach Roiten). Über die Brücke ans orographisch rechte Kampufer, das überaus malerisch im Hochwald mit teils riesigen Blöcken am Flußbett entlang verfolgt wird (nicht gleich zur Weißenbachklamm abzweigen!). Auf dem rot markierten Weg Nr. 5 bis zur Abzweigung aus dem Talgrund und im Bogen hinauf zum *Hohen Stein* (659 m, ½ Std.; Rasthütte, Gipfelkreuz auf der Felsburg mit hübscher Aussicht).
Der *Weiterweg zur Schwarzalm* ist recht verwinkelt, aber gut markiert: Zurück zum Querweg und bergab zu einer scharfen Rechtswendung. Dann auf Forststraße rechts weiter, aber bald links abzweigend, beim „Schalenstein" vorbei. Durch den Forst steil hinab in den Waldgraben, durch den rechts aufwärts die schlichte *Weißenbachklamm* erreicht wird. Kurz danach Abzweigung zum sehenswerten „Jahnfelsen"!
Die Hauptroute geht bald in Karrenwege über, wobei einige Abzweigungen nicht übersehen werden dürfen und auch wieder auf Waldsteige gewechselt wird. Zuletzt gelangt man beim Haus Karnawinklweg in das Ackergelände, zweigt aber bald wieder durch den Wald zur Zufahrtsstraße des Hotels ab und erreicht auf dieser die *Schwarzalm* (588 m, 1 ½ Std; Weiterweg nach Zwettl siehe A). Auch

als Ausgangspunkt für Runde B sehr geeignet (Zufahrt von der Ottenschlager Straße abzweigend)!

C Utissenbachmühle – Roiten – Hoher Stein

Diese Runde führt durch das *Naturschutzgebiet „Oberes Kamptal"* und bietet den landschaftlichen Höhepunkt dieser Tour (meiner Meinung nach noch schöner als die vergleichbaren Flußstrecken bei der „Schütt" und am „Höllfall")! Als Ausgangspunkt ist die Utissenbachmühle empfehlenswert (Zufahrt von Zwettl Richtung Groß Gerungs, links abzweigend über Gschwendt).
Von der Brücke nach der *Utissenbachmühle* auf dem orographisch linken Ufer zu einem überaus lohnenden Weg, der das herrliche, völlig naturbelassene Talstück am oberen Kamp auf der roten Markierung Nr. 1 entlang zieht. Meist ist das Flußbett stark verblockt, der Hochwald reicht dicht an das aufschäumende, dann auf kurzer Strecke wieder ruhige Gewässer heran. Viele schöne Fotomotive. Im Gegensatz zum Zwettltal viel urtümlicher und wilder!
Der nachfolgende Steig folgt über einige Lichtungen und an einer Blockmauer vorbei dem Talboden, führt dann einen Riegel hinan und erreicht die Wiesen beim Kreuzhof. Nun auf Asphalt weiter, mit schönem Blick auf *Roiten* links allmählich bergab wieder ins Kamptal und durch das freundliche Dörfchen zum Dorfmuseum und dem Gasthof König (576 m, 1 ½ Std.; kein Ruhetag, allenfalls Auskunft über Museumsbesichtigung).
Der Rückweg erfolgt wieder durch das Dorf und noch auf Asphalt die schon reizvolle Talstrecke entlang bis zu einer Brücke. Hier unmarkiert auf einen Fahrweg, der nun das orographisch rechte Ufer gleichfalls mit hübschen Ausblicken entlang zieht. Stets im Wald geht es schließlich bei der alten Hahnsäge vorbei. Bei der nächsten Talbiegung vom Karrenweg links ab und auf Steig durch die Waldfläche und wieder kurz am Kamp entlang zur Einmündung in den markierten Weg von der Utissenbachmühle. Auf diesem ansteigend zum *Hohen Stein* (1 ¼ Std.) und vom *Weiterweg zur Schwarzalm* (siehe bei B) links abzweigend hinab ins Kamptal und zur Utissenbachmühle (20 Min.).

Weitere Wandervorschläge

Kurztouren:	Zwettl – Syrafeld – Gschwendtmühle – Schwarzalm – Zwettl in 2 ¾ Std. (siehe A). Schwarzalm – Gschwendtmühle – Utissenbachmühle – Hoher Stein – Schwarzalm in 2 ¾ Std. (siehe B). Utissenbachmühle – Roiten – Hoher Stein – Utissenbachmühle in 3 Std. (siehe C). Schwarzalm – Gschwendtmühle – Utissenbachmühle – Roiten – Hoher Stein – Schwarzalm in 5 Std. (siehe B und C).
Extremwanderung:	Zwettl – Syrafeld – Gschwendtmühle (A) – Utissenbachmühle (B) – Roiten – Hoher Stein (C) – Schwarzalm (B) – Zwettl (A, über Propstei) in 8 Std.

Über Wasserfälle von Kamp zu Kamp

ROUTE:	Rappottenstein – Ritterkamp – Paradies – Gletschermühlen – Hausbach – Höllfall – Pretrobruck – Lohnbachfall – Kleinkamp – Schütt – Rappottenstein, insgesamt 8 Std., markierte Wege mit unbezeichneten Varianten, teilweise sonnig, für ausdauernde Geher!
EMPFEHLUNG:	Dieses großartige Wandererlebnis sollte man möglichst nicht in zwei Teilstrecken zerstükkeln! Wenn aber unbedingt notwendig, Schulbusverkehr an Wochentagen außerhalb der Ferien ausnützen (sonst nur mit zwei Autos oder Taxi möglich).
EINKEHR:	Ausgezeichneter Gasthof in Pretrobruck.
KARTEN:	Freytag & Berndt WK 111.
INFORMATION:	Marktgemeinde 3911 Rappottenstein, Tel. 02828/240.
ZUFAHRT:	Von Zwettl Richtung Groß Gerungs und bei Etzen abzweigend.

Bei meinen Wanderungen und Fahrten ist mir erst allmählich bewußt geworden, daß im Waldviertel eine eigentümliche „Relativitätstheorie“ gilt! Denn viele Superlative erweisen sich hier bei näherer Betrachtung als sehr relativ! Eine Waldviertel-Philosophie könnte daher etwa so lauten: „Die besondere Anziehungskraft dieses Viertels entsteht aus dem übersteigerten subjektiven Empfinden einer schlichten Landschaft!“

Was in dieser Form fast orakelhaft klingt, werden angestammte Waldviertler vermutlich zurückweisen, zugereiste „Liebhaber“ aber eher bestätigen können. So gilt das Waldviertel als hoch, niederschlagsreich, dünn besiedelt und wenig erschlossen. Sicherlich – aber eben nur relativ, gemessen an seiner unmittelbaren Umgebung, der Wachau und dem Weinviertel. Tatsächlich ist der Wienerwald fast ebenso hoch und regnet es in den Voralpen weitaus mehr als im Waldviertel. Und abgesehen von den wirklich geschlossenen Waldgebieten, wie etwa im Weinsberger Wald, gibt es kaum einen unbesiedelten Flecken. Überall liegen Dörfer und Einzelhöfe ver-

streut, mit wohlasphaltierten Zufahrten und Verbindungen. Die Zahl der naturbelassenen Wege hat wahrlich schon ein relatives Minimum erreicht!
Der unvoreingenommene Wanderer merkt es überall: Die kühnsten Blockbildungen ergeben leider keine wilde Felswand, die engsten Gräben keine Schlucht und ein verblocktes Bachbett noch keine Klamm. Auch vielgepriesene Naturdenkmäler beeindrucken vor allem in Bezug auf ihre Umgebung, denn die Landschaft ist schlicht und ebenflächig, in ihrer Formenwelt nicht jung und dynamisch wie die Alpen! Selbst das „Urgebirge“ kann in seinen „gebirgigen“ Teilen nur als ein Hügelland gelten, stammt es doch aus viel älteren Epochen der Erdgeschichte und hat sich in seinen Formen zu einer größeren Reife entwickelt. Und abgesehen von den pannonisch beeinflußten Rändern des Hochplateaus und der geheimnisvollen Welt der Moore wartet auch die Pflanzenwelt nicht mit Offenbarungen auf …
Noch ein Wort an die Fotografen: Wie schwierig ist es doch, eindrucksvolle Waldviertelbilder zu machen. Was das Auge aufnimmt oder das Gehirn beeindruckt, schaut als Produkt aus der Kamera nicht selten kläglich aus! Das Motiv verliert sich vor lauter Gegend. Oft erzielt nur ein kühner Ausschnitt mit dem Teleobjektiv die gewünschte Wirkung. Aber auch ungewöhnliche Ansichten und Lichteffekte in Jahreszeiten, die zum Wandern nicht gerade einladen, wie Winter oder Hochsommer, können reizvolle Ergebnisse bringen.
Doch nun zur Kehrseite meiner Waldviertler Relativitätstheorie: Kaum eine andere Gegend weist „relativ“ so viele Liebhaber und treue Besucher auf! „Waldviertel“ ist ein Zauberwort, das die Gefühle mehr anspricht als bloße Sinnesempfindungen. Erst die seelischen Schwingungen des Betrachters erwecken den starren Stein zum Leben, beflügeln seine Wirkung auf die menschliche Phantasie. Als Nachsatz: Die Zahl der esoterischen Kultstätten ist relativ und absolut wohl unübertroffen (Kautzen, Groß-Schönau, Rastenberg, Schloß Schwarzenau u. a.).
Unsere Wanderung zwischen den oberen Kamptälern wird auf jeden Fall ein echter Superlativ, denn diese Rundtour vereint drei Höhepunkte des Waldviertels – Höllfall, Lohnbachfall und Schütt! Dazu kommen noch die urigen Blockfluren bei Pretrobruck, die „Gralsburg“ Rappottenstein, das „Paradies“ am Großen Kamp und die Mäanderwiesen bei Kleinkamp. Die Gegenleistung für so viel zauberhafte Idylle ist allerdings ein vielstündiger Marsch, der sich nur durch eine Straßenverbindung ohne regelmäßige öffentliche Verkehrsmittel halbieren läßt!

Routenbeschreibung

A Rappottenstein – Paradies – Höllfall – Pretrobruck

Von Rappottenstein (671 m) auf der Zwettler Straße bis zur Kurve vor dem Markt mit großartigem Burgblick und geradeaus, rot markiert, beim Sägewerk hinab in den Graben zum Kleinen Kamp. Diesen links entlang nach *Ritterkamp* am Zusammenfluß der beiden Kampbäche (585 m). Nun rechts von der Brücke über die Wiesenfläche in das Waldtal zu einem alten, den Großen Kamp entlang führenden Weg.

Einem Wiesenbogen folgt neuerlich ein Waldabbruch in der Flußschlinge, und in der nächsten Wiesenmulde unter dem Lebzelterhof mündet von Rappottenstein eine abkürzende rote Markierung Nr. 612 (ca. 600 m, Zeitersparnis ½ Std.). Auf dieser weiter hinauf in den Wald und links auf eine Asphaltstraße, bei der *Bruckmühle* hindurch und kurz die Kirchbacher Straße entlang.

Beim Wegweiser „Zum Paradies" links abzweigend auf dem Viermärkteweg Nr. 612 wieder den Kampfluß entlang (Abzweigung einer Markierung nach Kirchbach) und weiter in das Waldtal. Die einst sicher romantischen Lichtungen im *Paradies* sind leider großteils aufgeforstet, nur bei Querung der Reichenbacher Straße etwas offenes Gelände. Dann folgen bald Aubestände und sehr schöner Nadelhochwald, bis auf einem Steig die *Heumühle* erreicht wird (ca. 680 m, 1 ¾ Std.; grün markierte Abzweigung nach Reichenbach und Kirchbach).

Auf Fahrweg, rot markiert, durch das Waldgelände ansteigend und später die Waldränder nahe von Lembach mit ihren Streifenfluren entlang. Geradeaus über einen seichten Graben zu einer Sattelmulde mit sehr schönem Ausblick. Im folgenden Wald immer rechts haltend etwas bergab und am Hochwald entlang auf Fußweg zu einer kleinen Anhöhe bei den *Gletschermühlen* (ca. 770 m, 1 Std.). Gleich links etwas verwachsen zu einem schönen Aussichtsblock über den Felsstufen, die natürlich nicht von Gletscherwirkung herrühren, sondern typische Verwitterungsformen des Granits sind.

Dann auf dem markierten Steig weiter in den Hochwald zu dem imposantesten Felsgebilde (Naturdenkmal, vorher Hinweistafel) mit Felsfenster zwischen verkeilten Blöcken, auch erkletterbarem Wackelsteingipfel und Rutschabstieg! Hier im Wald weglos hinab und durch eine Schneise zur Forststraße.

Auf dieser talaus unmarkiert bis zum Beginn eines Wiesenbodens neben einer Felsklippe (nicht auf den rechten Fahrweg abzweigen!).

Dort über den Bach und am gegenüberliegenden Waldrand auf einen Karrenweg, der im Linksbogen wieder in freies Gelände führt. Auf dem Feldweg, zuletzt auf Asphalt zur Ortsstraße von *Hausbach*, das bergan durchquert wird.
Gegenüber dem Haus Nr. 29 links abzweigend (kurz danach führt links ein Asphaltweg ebenfalls in die Mulde), um einen Heidekogel sehr schön herum und bergab zu einem Querweg. Dort auf Asphalt rechts in die Mulde und auf einem links hinaus führenden, sandigen Fahrweg weiter. Mit schönem Ausblick über das Kamptal rechts haltend auf Wiesenflächen und durch lockeren Wald bis zur Kampbrücke an der Abzweigung zum Höllfall (718 m, 1 Std.; altes Mariazeller Wallfahrermarterl, auf der Asphaltstraße in 40 Min. nach Pretrobruck).
Nun auf dem rot markierten Karrenweg bergan. Zuerst im Wald rechts zum Bachbett und dann noch zweimal zu den schönsten Blockstellen, durch die der Große Kamp im *Höllfall* herabgischtet. Oberhalb der von Felsen gesäumten Engstelle wird der Flußlauf wieder ruhig, und links zweigt eine breit ausgebaute Forststraße ab.
Diese führt unmarkiert im Bogen über einen Sattel hinweg und talaus bei einer Birkenblockgruppe zur Asphaltstraße im Eisgraben. Auf der Straße leicht steigend kaum mehr 1 km nach *Pretrobruck* (775 m, $^{3}/_{4}$ Std.; Gasthof Seidl, Montag Ruhetag).

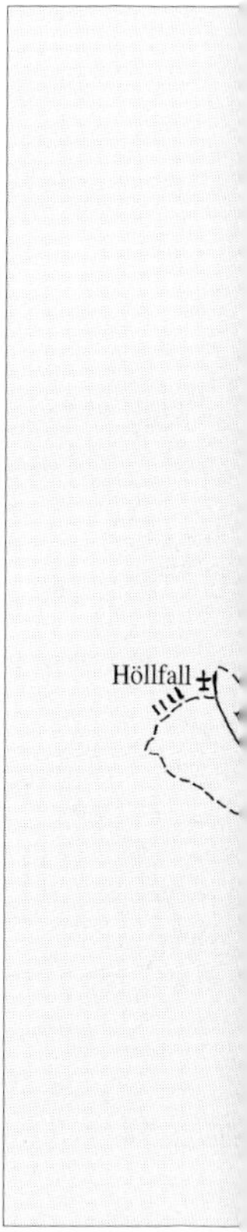

B Pretrobruck – Lohnbachfall – Schütt – Rappottenstein

Auf der Straße Richtung Rappottenstein bis zur nächsten Kurve und rechts auf markiertem Weg über die Fluren der „Kreuzlüsse" zum Zeller Steg (alter Wallfahrerweg!), wo links die Markierung zum *Lohnbachfall* abzweigt. Nach dem steilen Abstieg über den gut ausgebauten Steig (siehe auch Seite 92) folgt der flache Talboden am unteren Lohnbach entlang zur Hauptstraße (650 m, 1 Std.), links grüne Markierung direkt weiter zur Wiesmühle in $^{3}/_{4}$ Std.

Variante über die Kampwiesen (unmarkiert, nur bei trockenem Wetter und niedrigem Gras, dann sehr lohnend): Auf der Straße rechts bis vor die Brücke und dann links neben dem Kleinen

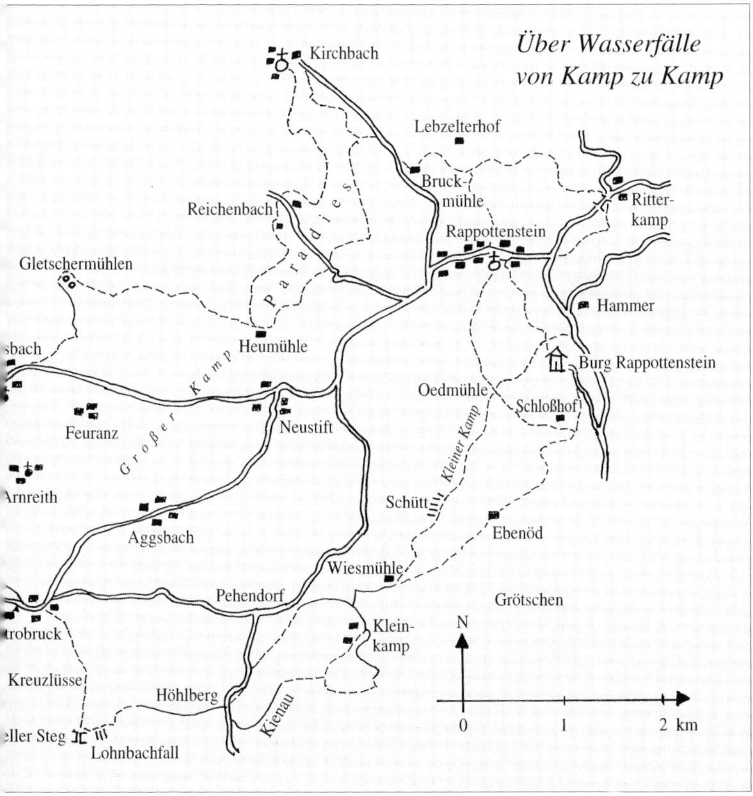

Kamp auf dem anfangs asphaltierten Kienauweg um den Waldrücken herum. Wo sich der Fahrweg links dem Bergrand zuwendet, gleich quer über die etwas sumpfigen Wiesen zur nächsten Brücke (querende gelbe Markierung). Nun auf dem rechten Ufer ebenfalls weglos bis zur Brücke der Pernthoner Straße und auf dieser links durch das felsige Engtal zu den Höfen von Kleinkamp. Auf der Straße wieder hinab zum Fluß und zur *Wiesmühle* (645 m, 1 Std.; rechts Abzweigung eines Weges über Ebenöd zur Burg Rappottenstein).

Von der Wiesmühle entlang der grünen Markierung weiter in das Engtal des Kleinen Kamp, der nun in der *Schütt* ein Blockmeer durchfließt. Auf einem Steig hinein in den Fichtenforst und näher an das wild verblockte Flußbett heran. Leider schwenkt die Markierung bald wieder auf einen durch Fichtenaufforstungen vom Fluß getrennten Fahrweg ab (die Einheimischen kraxeln bisweilen noch ein Stück auf den Blöcken über dem meist unterirdisch fließenden Kamp weiter!).

Das dicht bewaldete Kleine Kamptal weiter entlang und an der Wegkreuzung bei der *Oedmühle* vorbei (rechts gelb markierter Aufstieg zur Burg Rappottenstein, 701 m, und zurück ins Tal auf Weg Nr. 612 möglich, zusätzlich ½ Std.). Auf dem Talweg weiter zum Steg bei einer schön verblockten Flußstelle (ca. 600 m, 1 Std., Einmündung von der Burg) und links abzweigend auf dem Viermärkteweg hinauf nach *Rappottenstein* (20 bis 30 Min.).

Weitere Wandervorschläge

Kurztouren: Durch das „Paradies" von Kirchbach über Reichenbach – Heumühle – Kamptal – Kirchbach in 2 ¼ Std.
Zufahrt zum Höllfall von Pretrobruck und Spaziergang in ½ Std.
Zum Lohnbachfall von der Straßenabzweigung zwischen Pehendorf und Schönbach in 1 Std.
Durch die „Schütt" von Rappottenstein über Burg (Weg Nr. 612) – Ebenöd – Wiesmühle – Kleines Kamptal – Oedmühle – Rappottenstein in 2 ¾ Std.

Extremwanderung: Rappottenstein – Ritterkamp – Paradies – Gletschermühlen – Hausbach – Höllfall – Pretrobruck – Lohnbachfall – Schütt – Burg Rappottenstein – Kamptal – Rappottenstein in 8 ½ Std.

Über die unsanften Berge

Route:	Senftenberg – Heimliches Gericht – Lichtenfleck – Reichau – Ostra – Stögerriedel – Hiesberg – Senftenberg, insgesamt 6 bis 7 Std., markierte Wege, aber Gehsicherheit und Ausdauer nötig!
Empfehlung:	Die unwegsamen Steilstücke beim Heimlichen Gericht und bei der Hiesbergwarte können auch umgangen werden.
Einkehr:	Keine Gasthöfe!
Karten:	Österr. Karte Nr. 37, Freytag & Berndt WK 071.
Information:	Gemeindeamt 3541 Senftenberg, Tel. 02719/23 19.
Zufahrt:	Von Krems über die kunsthistorisch bemerkenswerten Orte Rehberg und Imbach nach Senftenberg.

Mit den Bergen am Ausgang der Wachau reicht das „Urgebirge" des Waldviertels bei Krems am nächsten an die Donauebene heran. Der harte Gföhler Gneis tritt über den Dürnsteiner Weingärten sogar als bizarres „Gebirge am Strom" hervor! In dasselbe Gestein hat auch der Kremsfluß sein voralpin anmutendes Tal geschnitten, und auf Felskanzeln beginnt und endet daher unsere Wanderung rund um den Reichaugraben.

Senftenberg ist mit seiner malerischen Kirche und der Burgruine ja bekannt genug – aber Reichau? Ein Dörfchen tief im Graben, aus dem es steil hinaufgeht zu den auf der Hochfläche verstreuten Siedlungen. Das Dorfgasthaus ist schon längst geschlossen und auch die Schule. Aber die älteren Leute können sich noch erinnern, was ihnen der Lehrer damals vom „Heimlichen Gericht" erzählte. Dem Felsturm hoch oben am Kamm, von dem die zum Tode Verurteilten in die Tiefe gestoßen wurden! Die Rechtskunde kennt allerdings kaum eine solche Urteilsvollstreckung, so kann sich hier nur die Kunde von einem wohl mittelalterlichen Femegericht erhalten haben …

Gruselig geht es bei unserer Tour allerdings nicht zu! Wenn auch das erste und das letzte Stück steil und unwegsam sind und die Tour trotz der Markierungen stellenweise fast einer Orientierungswanderung gleichkommt. Die dazwischen liegenden, hübsch gegliederten Hochflächen bieten zum Ausgleich gemütlichere Strecken und als Höhepunkt einen botanisch hervorragenden kleinen Gipfel bei Ostra. Ein kleines pannonisches Blumenparadies, überraschend in dieser rauhen Gegend wie der Tiefblick ins Kremstal und hinaus auf die unvermittelt zur Donau absinkenden Weinhügel.

Routenbeschreibung

A Senftenberg – Reichau – Ostra

In Senftenberg gegen Ende des Ortsgebietes nach dem Gasthof Hintenberger links über die blau gestrichene Eisenbrücke (Parkmög-

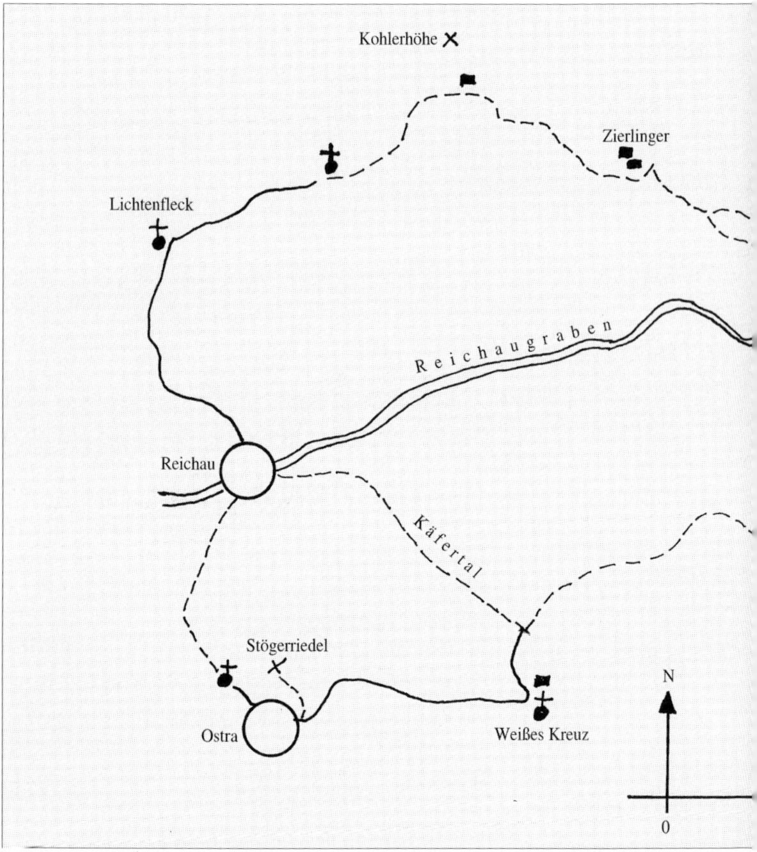

lichkeit) und rechts die Altau-Siedlung entlang. Auf einem Steg zur Straße in *Botental* und auf dieser 500 m weiter bis zur Kreuzung Richtung Reichau (275 m, ¼ Std., Bushaltestelle).
Die Reichauer Straße nur kurz entlang, vor dem ersten Haus schon rechts abzweigend zu den Parkplätzen der *Sportanlagen* (durchwegs spärlich grün markiert). Gleich rechts halten, beim Fußballfeld auch rechts herum. An der hinteren Ecke zweigt ein schmaler Steig in den Fichtenforst ab. Im folgenden Hochwald scharf links hinauf, den nächsten Ziehweg rechts entlang und auf Wegspuren dem Rücken nach zu einer längeren, etwas verwachsenen Lichtung. Danach ist der Weg wieder stellenweise deutlicher, man hält sich immer den Rücken entlang.
Vom Felsansatz oberhalb des Weges eindrucksvoller Ausblick auf die Gamswand! Dann unter Blockstufen den zunehmend trockeneren Südhang mit ausgeprägt wärmeliebender Flora entlang. Nach einem flacheren Kammstück nochmals der Schneide links auswei-

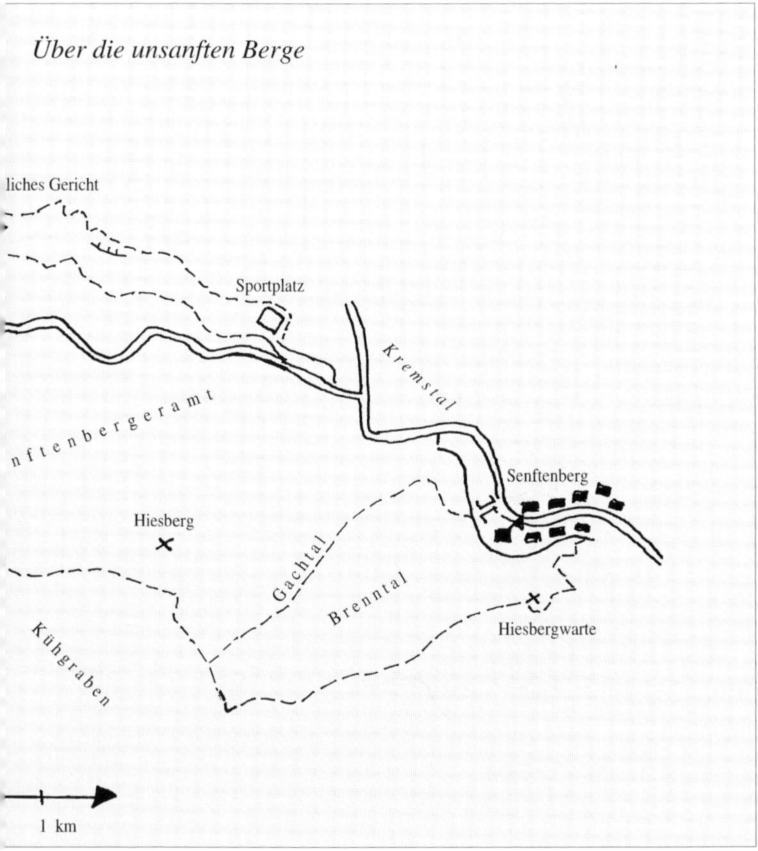

chen. Beim folgenden scharfen Blockgrat aber auf einem sehr guten Steig rechts herum, sogar kurz bergab querend, bis vor eine undurchdringliche Aufforstung. Hier nach spärlichen Spuren sehr steil links hinauf zur Grathöhe neben stattlichen Felstürmen (schöner Eichen-Rotföhren-Bestand, aber nur spärliche Aussicht).
Knapp rechts am Kammrücken entlang und mit Rechtsbogen auf die Kammhöhe (ca. 560 m), die durch dichten Wald und Strauchwerk weiter verfolgt wird. Beim folgenden Heideboden rechts unterhalb schöner Rastplatz auf pilzförmiger Felskanzel mit Tiefblick zur Königsalm. Etwas verwachsen durch Buchengestrüpp am Kamm weiter zum Vermessungszeichen auf dem Gipfelpunkt (585 m, 1 ½ Std.).

> *Variante „Heimliches Gericht“* (nur einige Min. und sehr lohnend!): Am Südhang über einen Seitenrücken hinab (die jenseitige Aufstiegsrichtung forsetzend!), nur auf Steigspuren zwischen Baumriesen und dichtem Bewuchs. Eine kleine Blockstufe eher links überwindend und hinaus auf die weit über die Waldhänge vorspringenden Riesenblöcke mit eindrucksvoller Aussicht (im Westen die Hochfläche mit Weinzierl und Nöhagen).

Vom Gipfelpunkt auf Blöcken den Kamm entlang weiter bis zu einer auf bizarren Steinformen stehenden Rieseneiche. Hier links haltend die locker bewachsene Kammfläche entlang zu einer Lichtung mit Wildfütterung. Weiter auf dem Fahrweg, in den von links die rote Markierung aus dem Reichaugraben einmündet (beginnend bei der ersten Kehre der Sportplatzzufahrt, leichtere Aufstiegsmöglichkeit!).
Die bald folgende idyllische Mulde mit dem Einschichtgehöft *Zierlinger* wird leicht bergan durchquert (ca. 620 m, Rückblick auf den Felspilz bei der Heidelichtung!). In der nächsten Senke bei der Kapelle gleich hinaus auf einen von Trockenmauern begleiteten Fahrweg und unterhalb des zweiten Zierlingerhofes vorbei. Die blaue Markierung über die Kohlerhöhe ist wegen der verwachsenen Aussicht nicht mehr lohnend! Der nächste Waldabstieg deutet schon einen Gesteinswechsel an – vom Gföhler Granitgneis über einen Amphibolitstreifen ins ebenmäßige Gneishochland.
Die folgenden freien Flächen am *Lichtenfleck* mit weiten Feldern und blumenbunten Wiesenrainen bieten auch eine reizvolle Aussicht (im Nordosten Gföhl) und ein Stück nach einer Föhrengruppe eine geologische Besonderheit (in der Mulde liegen am Wegrand auffallende Gesteinsblöcke von Ultrabasit mit Chalzedonkrusten). Auf Asphalt bis zur zweiten Wegkapelle (563 m) und links auf dem

Güterweg durch den bald engen Graben nach *Reichau* (476 m, 1 1/4 Std.).
Kurz auf der Ortsstraße rechts und bei der Jubiläumskapelle zum Bach hinab. Diesen rechts entlang, eine Furt überspringend, und Anstieg auf einem Karrenweg am rechten Rand des hier abzweigenden Waldgrabens (gelb markiert, Telefonleitung). Bald folgen Lichtungen und eine Mulde mit prachtvollen Wiesenblumen. Vom „Grundkreuz" (Ruine eines Bildstockes) auf Güterweg in den Sattel mit dem winzigen Bauerndorf *Ostra* (ca. 650 m, 3/4 bis 1 Std.).

Variante „Stögerriedel" (Zeitaufwand 20 bis 30 Min.):
Gleich wieder links von der Ortsstraße abzweigend auf einem asphaltierten Güterweg bis zur Biegung. Dort links am Reservoir vorbei aufwärts und weglos über Heideböden und einen Ackerstreifen zu den Gipfelblöcken (677 m, wieder zum Amphibolitzug gehörend, dem am Weiterweg Gföhler Gneis folgt). Herrliche Aussicht gegen Weinzierl, Jauerling und Sandl. Hervorragender Pflanzenstandort (u. a. im Frühling Kuhschellenblüte) und stimmungsvoller Rastplatz, der kaum bekannt ist! Man kann auch gleich vom Grundkreuz weglos, Ackerstreifen umgehend, steil auf den Gipfel gelangen.

B Ostra – Hiesbergwarte

Auf dem gelb markierten, asphaltierten Güterweg von Ostra weiter über unbesiedelte Wiesenmulden bis zum Sattel beim *Weißen Kreuz* (589 m). Hier links zur Einmündung der Käfertalstraße (rot markiert von Reichau).
Weiter, gelb markiert, rechts auf einen Sattel. Wieder links, stets auf Sandstraße, weiter geradeaus durch einen weitläufigen Forst. Dann eine langgestreckte Kammulde mit links abseits gelegenem stattlichen Gehöft entlang (rechts Ausblick auf Göttweig, später befindet sich links gegenüber ein auffallender, im Mai blühender Ginsterriegel!). Nach Walddurchgang wieder über einer gegen Süden freien Mulde dahin. Der folgende Waldweg erreicht, am *Hiesberg* entlang bergab, eine Kreuzung mit Rastbank (ca. 500 m, 1 1/4 Std., leichter Abstieg über Gachtal und Waldandacht gelb markiert nach Senftenberg in nur 1/2 Std.).
Weiter geht es vorläufig noch ganz harmlos – schräg rechts auf der Forststraße nun grün markiert, bald bergab. Bei der deutlichen Rechtskurve vor dem Ackergelände scharf links aufwärts abzweigen! Dieser Fahrweg wendet sich nach rechts und an einem Schlag-

hang vorbei, Blockgruppen verraten wieder den Gföhler Gneis! Den gewellten Rücken bergab, zuletzt steiler in einen ausgeprägten Sattel (rechts eine Aufforstung, im Mischwald viel Ginster).
Hier sehr heikle Wegabzweigung: Bei quer verlaufenden Wegspuren von der Forststraße schräg links in den Wald zu einem Karrenweg, der sich bei ersten Felsfiguren zu einem Steig verschmälert. Etwas verwachsen, aber wieder besser markiert zu einer spärlichen Lichtung (Blick auf Schlag mit „Wackelstein"). Dann mehrmals steil bergab den schmalen Kamm entlang zur mächtigen Felskanzel mit der *Hiesbergwarte* (427 m, ½ bis ¾ Std., Wetterfahne und Eisengeländer, prächtiger Tiefblick auf Senftenberg).
Der weitere Abstieg führt rechts in der trockenen Südflanke (typischer Eichen- und Rotföhrenwuchs!) um die Felsen herum und wieder am Kamm bis zur nächsten Erhebung. Hier links auf deutlichen, aber etwas verwachsenen Kehren durch dichten Jungforst hinab zu einer Forststraße (dort nicht links zur Waldandacht!).
Nur ein paar Schritte links und vor der Straßenverbreiterung rechts hinab zur Fortsetzung des grün markierten Steiges. Zuletzt, einem Erdrutsch rechts ausweichend, über den Steilabfall zur Hiesbergstraße, die als asphaltierte Promenade links zurück zum Ausgangspunkt führt (½ bis ¾ Std.).

Weitere Wandervorschläge

Kurztouren:	Sportplatz Senftenberg – Heimliches Gericht – Reichaugraben in 2 ½ Std. Reichau – Ostra – Stögerriedel – Weißes Kreuz – Käfertalstraße – Reichau in 2 ½ Std.
Extremwanderung:	Gesamte Runde mit Stögerriedel in 7 Std.

Bergab geht's in die Steinzeit!

ROUTE:	Felling – Hohenstein – Nöhagen – Hartenstein – Kremszwickl oder Höhlensteig – Großes Kremstal – Felling, insgesamt 5 bis 6 Std., ausgedehnte Rundtour mit anspruchsvollen Varianten, gut markiert.
EMPFEHLUNG:	Nicht bei zu heißem Wetter! Am besten geht man von Felling aus, um die Gaststätte in Nöhagen besuchen zu können, danach keine Einkehrmöglichkeit mehr!
EINKEHR:	Gasthöfe in Nöhagen (Montag Ruhetag) und Felling.
KARTEN:	Österr. Karte Nr. 37, Freytag & Berndt WK 071, Geolog. Karte Nr. 37 (Mautern).
INFORMATION:	Gemeindeamt 3613 Albrechtsberg, Tel. 02876/258.
ZUFAHRT:	Von Krems über Senftenberg Richtung Loiwein bis Unter-Meisling, dort im Kremstal bleibend über Ober-Meisling Richtung Hohenstein und rechts abzweigend nach Felling. Nöhagen wird am schnellsten ab Weißenkirchen in der Wachau über Weinzierl erreicht.

Die Hügel reichen über Felder und Wiesenstreifen hinweg, verlieren sich im Wald. Idyllische Dörfer dazwischen, und schon grüßt der nächste Kirchturm herüber, wie aus dem Bilderbuch. Nur der Fernblick läßt die größere Seehöhe (etwa 600 m) ahnen, denn weit im Süden, jenseits der tief eingeschnittenen Donau, erblickt man bei klarer Sicht die Alpenkette.

Harmlos ist es aber nur scheinbar, dieses Hochland im Südosten des Waldviertels, das an die auf die Wachau herabblickenden Wälder grenzt. Unversehens durchziehen steile, walddunkle Einschnitte die Landschaft und strapazieren die Muskeln. Freilich nur mit geringen Höhenunterschieden, aber nach ein paar Wanderstunden kann auch ein solcher Riegel schon ins Schnaufen bringen!

Was sich an Besonderheiten in den Taltiefen eröffnet, ist durchaus nicht zu verachten. Haben doch die beiden Kremsflüsse mit ihren

Seitengräben das steinerne Urgebirge freigelegt, mit dunklen Amphibolitfelsen und hellem, kristallen schimmerndem Marmor. In den Klüften findet der Mineralsucher dann auch seine Schätze, Bergkristall, Turmalin, Granat und Rauchquarz. Hammer und Meißel sollten also im Gepäck nicht zu schwer wiegen. In Aktion treten dürfen sie allerdings nur in alten Steinbrüchen oder (ein seltener Glücksfall!) entlang eines frisch ausgeschobenen Weges – auf keinen Fall aber in den Höhlen, die das Wasser vor Urzeiten aus dem löslichen Marmor gewaschen hat. Diese sind zwar nicht von besonderer Ausdehnung, aber wegen ihrer Seltenheit im Waldviertel als Naturdenkmäler geschützt!
Als die Alpen noch von den Gletschern der Eiszeit bedeckt waren, zogen hier schon die Rentierherden von den Tränken am Strom hinauf in die Tundren der Hochebene. Und die Menschen der Steinzeit folgten ihnen, drangen in die Seitentäler vor und entdeckten dabei die versteckten Gänge und Felsdächer als willkommene Schlupfwinkel. Wer sich hineintastet ins Halbdunkel der Gudenushöhle, taucht wirklich ein in die fernste Vergangenheit unserer Heimat. Denn hier lebten die Menschen der Altsteinzeit vor 30.000 Jahren, wie die von den Archäologen geborgenen Funde beweisen.
Über den nach einem Schloßherrn benannten Höhlengängen thront die Burg Hartenstein, ein romantischer Bau mit hohen Türmen und wehrhaften Mauern. Seine Geschichte bis in die jüngste Vergangenheit war recht lebhaft, hier lud noch vor wenigen Jahrzehnten eine Kaltwasser-Heilanstalt zu regem Kurbetrieb ein.
Wir steigen dreimal über Berg und Tal, lassen uns von Wind und Sonne über die Weite der Hochfläche begleiten und erklimmen die schmalen Steige in den Felsabstürzen über dem „Zwickl“, wo Große und Kleine Krems zusammenfließen. Wie auf Dschungelpfaden schlingt sich später die Markierung das unberührte Tal entlang. Wieder draußen auf den Feldern erscheint es dann schon ganz unglaubwürdig, daß wir erst wenig zuvor über einen gesicherten Klettersteig zur Teufelslucken hinaufgekraxelt sind!

A Felling – Nöhagen – Hartenstein

Vom Dorfplatz in Felling (im Gasthaus für Einkehr nach der Tour anmelden!) auf der Straße Richtung Senftenberg bis zum Ortsausgang und gleich rechts blau markiert auf einen anfangs rasenüberwachsenen Fahrweg, die „*Alte Straße*". Bei einem Bildstock in den Mischwald mit vielen wärmeliebenden Pflanzenarten. Achtung – an einem Hangvorsprung nicht geradeaus weiter, sondern kurzer Rechtsbogen und in einem Hohlweg hinab nach *Hohenstein* (380 m, ½ Std.), ganz malerisch im voralpin wirkenden Kremstal gelegen, überragt von der Burgruine (urkundlich 1347) und der Felsmauer eines Umlaufberges.
An der Dorfkapelle vorbei, über die Kremsbrücke und rechts grün markiert auf einem Forstweg ansteigend. Bei Wegteilung rechts über den Bach und immer den Graben am *Burgstallriegel* entlang auf-

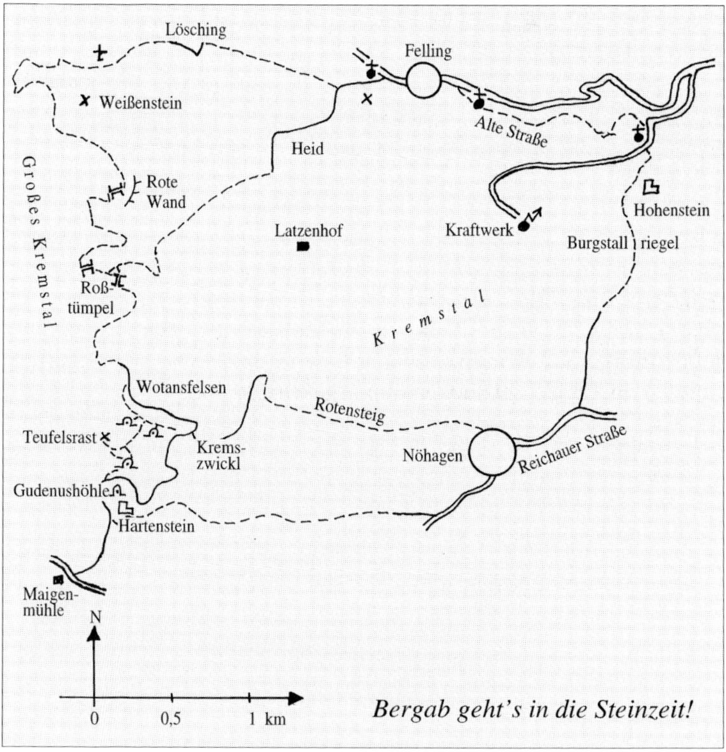

Bergab geht's in die Steinzeit!

wärts. Zuletzt ist ein Schlagstück etwas verwachsen, und ein Hohlweg leitet in die Felder der Hochfläche (der durch Sagen bekannte Schalenstein „Teufels- oder Herrgottsitz“ liegt am blau markierten Weg von Ober-Meisling und erfordert einen beachtlichen Umweg). Auf Asphalt weiter zur Reichauer Straße und, von Böschungen mit auffallend pannonischer Flora begleitet, rechts nach *Nöhagen* (620 m, 1 Std.).

Links haltend durch das sehr gepflegte, von Bildstöcken beschirmte Dorf (die Volkskunde nennt einen solchen Ort „gefeites Dorf“; Geschäft, Gasthaus Schwarz, Voranmeldung günstig, Telefon 02717/82 09). Dann rechts, rot markiert, Richtung Els noch 500 m auf der Straße weiter, bis wieder rechts ein kurz noch asphaltierter Güterweg abzweigt. Bei dessen Verzweigung rechts leicht abwärts in die etwas feuchtere Wiesenmulde (trotz der intensiven Bewirtschaftung zeigen die Raine noch bemerkenswerte „Unkräuter“) und zum Waldrand. Das Bächlein entlang hinab in den Graben mit verfallenen Wasserfassungen der Kuranstalt Hartenstein. Eine Forststraße überquerend gerade weiter, bis sich der Weg nach links wendet, und zuletzt auf der Forststraße unter steilen Waldhängen zur *Burg Hartenstein* (ca. 520 m, 1 Std.; Kuenringerfeste des 12. Jh. mit beachtlichen romanischen Bauteilen und neugotischen Zubauten, 1896 bis 1938 Kuranstalt).

B Hartenstein – Kremstal – Felling

Vom Sattel auf Fußsteig abkürzend zum Talfahrweg und rechts über die Kleine Krems, dann an einem kleinen Marmorbruch und der Abzweigung zur *Gudenushöhle* vorbei.

> Die Sandstraße führt weiter zum „Kremszwickl“, der von Felsmauern umschlossenen Talgabelung mit dem Stauwerk des Kraftwerkes Hohenstein. Links Anschluß zum Weiterweg nahe dem „Hasenfleck“ (völlig mühelos zu bewältigende Strecke, kaum 1/2 Std.). Rechts abkürzender Rückweg nach Nöhagen: Den wasserarmen Kremsfluß talab entlang und nach 2 km rechts auf Forststraße abzweigend (1 1/2 Std.).

„*Zu den Höhlen*“ führt ein überaus interessanter Steig (stellenweise sehr steil und etwas abschüssig, nur für sichere Geher, bei Nässe unangenehm): Gleich nach dem Steg zur Gudenushöhle (ca. 490 m) vom Fahrweg links, blau markiert, abzweigend und schräg den stark besonnten Waldhang mit pannonischen Sträuchern (Pimpernuß, Warziges Pfaffenhütchen) hinan. Links ein ehemaliger Marmorsteinbruch (Kalksilikat mit einem dunklen Hornblendegang) und typischer Trockenhangflora wie Schwalbenwurz, Fetthenngewächsen u. a. Dann steil, teilweise auf gestuftem Steig hinauf zur *Eichmayerhöhle* (Marmor mit einem hellen Aplitgang). Weiter steil aufwärts zu dem ein wenig abseits der Markierung gelegenen *Steinernen Saal*, einem riesigen Felsdach aus dunklem Amphibolitgestein. Kurz zurück zum Hauptweg und hinaus zu einem Sattel mit urigen Eichen und Idealblick auf die „Hoch auf'm Berg und tief im Tal" ragende Burg Hartenstein, am Waldhorizont die Kirche St. Johann bei Großheinrichschlag! Auf der blauen Markierung weiter zur Wegteilung an der Bergecke.

Variante über die Teufelsrast (teilweise weglos, aber äußerst lohnend, zusätzlich 30 bis 40 Min.): Die Felswand entlang weiter bergauf, dann aber nicht entlang der blauen Markierung rechts hinaus, sondern links auf Steigspuren zu einem wunderbaren Aussichtsplatz ober dem Felsabbruch. An einem Riesenblock zwischen Föhren vorbei zu einem weiteren prachtvollen Rastplatz und weiter gerade hinauf zu einem etwas verwachsenen Querweg (spärliche gelbe Markierung) und links zur Wegteilung. Nun auf dem rechten Karrenweg um die Waldkuppe herum, zuletzt leicht steigend zur *Teufelsrast* (ca. 640 m), einem Felsvorsprung mit prachtvoller Aussicht ins Kremstal, auf die Gföhler Hochfläche und die gegenüber abstürzenden „Wotansfelsen" (ebenfalls Amphibolitmassen mit eingelagerten hellen Marmorstreifen). Auf dem Karrenweg zurück zur Kreuzung, jetzt links in den vorher erreichten Querweg und zur Wegteilung an der Bergecke mit Einmündung der blauen Markierung.

Der nun gelb markierte Steig quert links in den von Felsen überwölbten Waldsteilhang. Bei einem Vorsprung mit Höhlennischen zunehmend steiler hinab, ein Stück sogar ein Drahtseil entlang bis zu einem waagrechten Steig mit Wegteilung (Markierungstafeln).

Abzweigung zu den Höhlen: Der Durchbruch der Großen Krems zwischen der hier begangenen Dürrleiten und dem gegenüber ragenden Wotansfelsen besteht aus dunkelgrünschwarzem Amphibolith mit eingelagerten hellen Marmorzügen und wird von den Geologen zur „Bunten Serie" gezählt. In den Höhlen wurden Knochen eiszeitlicher Tiere und menschliche Spuren bis zurück in die Altsteinzeit gefunden, die beiden folgenden, im Urzustand nur sehr schwer zugänglichen Höhlen kann man sich aber wohl nur als Zufluchts- oder Kultplätze vorstellen!

Schusterlucke: Von der Wegteilung rechts (südlich) den blau markierten Vettersteig entlang zum Sattel hinter dem Felsvorbau der Teufelskirche mit sehr schöner Aussicht, davon bergauf abzweigend über gesicherten Steig zum 17 m langen, marmornen Höhlenraum.

Noch eindrucksvoller ist die *Teufelslucken*: Von der Wegteilung links (nördlich) bis zu einer Felswand, die über zwei Metalleitern und Drahtseilsicherung erstiegen wird. Eigenartige Felsformation, bereits 1125 als „Teufelskirche" urkundlich genannt. Unter dem Felsüberhang der seltene Zarte Streifenfarn, der seinen Wasserbedarf nur aus der Luftfeuchtigkeit entnehmen kann!

Vom waagrechten Steig bei Markierungstafel weiterer Abstieg im dicht bewachsenen Gelände, zunächst noch steil und etwas rutschig, zuletzt auf Karrenweg in den Talgrund der Großen Krems (ca. 470 m, 1 ½ Std.). Auf dem vom Kremszwickl kommenden Fahrweg links weiter zur Einmündung des Gillauser Baches beim *Hasenfleck* und bei Wegteilung rechts, rot markiert, auf dem Forstweg das dicht verwachsene Kremstal entlang. Bei dessen Abbiegung rechts zum schon sichtbaren Steg am *Roßtümpel* mit sehr schöner Flußpartie und Mühlenruine (ca. 500 m, 20 Min.).

Kurz auf dem Talweg weiter, dann rechts, blau markiert, auf eine Forststraße abzweigend, die dem *Pfarrerweg* folgt (ehemaliger Kirchenweg zwischen Els und Felling). Mit einer Kehre durch den Wald (schöne Hochstaudenflora mit Waldwicken, Fingerhut und Färberginster) wird die Hochfläche erreicht. Zwischen Feldern weiter zum asphaltierten Güterweg, auf dem man links nach 1 Std. *Felling* erreicht. Kurz vor dem Ort südlich der Straße ein interessanter Hügel mit Trockenrasen und pannonischer Flora! Im Ort geht man am „Schloß" vorbei zum Ausgangspunkt beim Dorfbrunnen und dem Gasthof Schwarz (wegen Landwirtschaftsbetrieb Voranmeldung günstig).

C Kremstal-Wanderung

Der Weiterweg vom Roßtümpel durch das Große Kremstal ist eine längere, aber wesentlich interessantere Route. Auf der Talstrecke, gut rot markiert, aber in der Vegetationsperiode stellenweise sehr verwachsen und mühsam, 1 ½ Std.

Nahe der Abzweigung des Pfarrerweges auf einem neuen Steg wieder ans Westufer und den Hangsteig entlang zu einem breiteren Talboden, gegenüber eine Felswand mit auffallender Faltenbildung (Paragneis) und Schwefelflechten, in Bachnähe ziemlich verwachsen weiter. Der folgende Karrenweg leitet links aufwärts, dann rechts halten, bei der nächsten Wegteilung wieder rechts weiter bis zu einer Schlagfläche. Hier den Markierungen nach rechts hinunter auf schmalem, sehr verwachsenem Steig bis zum Talgrund. Dort besser weiter, über einen Steg und auf leidlich gutem Karrenweg unter den Felsstufen am *Weißenstein* vorbei (Kalksilikat mit dem Mineral Tremolit). Zuletzt am Hang bergauf zu einem Wiesensattel oberhalb von Fischteichen mit schönem Rückblick in das Durchbruchstal der Großen Krems, hier Wegteilung (ca. 540 m, ¾ Std.). Nun rechts abzweigend, rot und grün Nr. 5 markiert, am Waldrand aufwärts und nach der Kehre der Forststraße mit schöner Aussicht und üppiger Hochstaudenflora rechts den Waldweg entlang. Dieser mündet bald in freies Gelände mit Wegkreuz und herrlichem Aussichtspunkt (ca. 630 m, im Westen Albrechtsberg, über dem Kremszwickl die Kirche von St. Johann). Dem Feldweg folgend bis in die Senke der *Lösching*, auf der querenden Asphaltstraße kurz links (Richtung Taubitz) und gleich wieder neben einem Wäldchen rechts über die Ackerhügel weiter zum asphaltierten Güterweg „Felling“, der am pannonischen Hügel vorbei zur Dorfstraße führt.

Weitere Wandervorschläge

Kurztouren: Nöhagen – Hartenstein – Kremszwickl – Rotensteig – Nöhagen in 3 Std.
Hartenstein (Zugang von der Straßenbrücke über die Kleine Krems bei der Maigenmühle) – Gudenushöhle – Höhlensteig – Kremszwickl – Hartenstein in 2 ½ Std.

Extremwanderung: Gesamte Runde mit Teufelsrast, Schusterlucke, Teufelslucken und Großem Kremstal in 7 Std.

Von Stein zu Stein, von Hof zu Hof

ROUTE:	Ysper – Weißenberg – Herzstein – Hauswiese – Kapelleramt – (Ysper, leichte Bergwanderung mit 4 ½ Std.) – Güterweg Kapelleramt – Ruine Wimburg – (Ysperklamm, zusätzlich 1 ½ Std.) – Pisching – Ysper (5 Std., teilweise auf Güterwegen, aber auch schöne Wald- und Wiesensteige, vielfach sonnig), insgesamt 8 Std.
EMPFEHLUNG:	Aufteilung in zwei Runden wie angedeutet. Ysperklamm als eigene kleine Wanderung, eventuell mit dem lohnenden Übergang nach Gutenbrunn verbinden (Wanderkarte Ysper-Weitental). Auch St. Oswald und die Bergbauernfluren im Loseneggeramt sind lohnende Ziele, am Ostrong jedoch nur die Besteigung des Großen Peilsteins von Laimbach aus. Heimatmuseum in Altenmarkt besichtigen!
EINKEHR:	Nur Gasthöfe in den Talorten und vor der Ysperklamm!
KARTEN:	Österr. Karte Nr. 35, Freytag & Berndt WK 071.
INFORMATION:	Gemeindeamt 3683 Yspertal, Tel. 07415/224.
ZUFAHRT:	Von der Westautobahn-Abfahrt Ybbs über Persenbeug nach Altenmarkt und Ysper.

Hohe Waldberge mit vorspringenden Felsbuckeln säumen die sonnige Wiesenmulde. Die hochgelegenen Terrassenflächen laufen über dem Donautal aus. Den südlichen Horizont füllt ein prachtvolles Alpenpanorama, mit den schroffen Spitzen der Kalkalpen.

Ein massiger, ungegliederter Waldrücken begleitet die vom Ysperbach durchflossene Weitung, der Ostrong, schon mehr als 1000 m hoch. Ihm gegenüber schmiegt sich eine vielfältige Bergbauernflur an die bewaldeten Abhänge des Granit-Hochlands. Wir sind im Yspertal – in einem Stück echten Waldviertels, und doch in einer Welt für sich!

Altenmarkt und Ysper, die beiden eng benachbarten Hauptorte des Tals, liegen zwar 500 m hoch, genießen aber ein weitaus milderes

Klima als die Siedlungen jenseits des Weinsberger Waldes, im „hohen Waldviertel“. Auch ist ihre Umgebung alles andere als herb, fast von südlicher Anmut und Lieblichkeit. Das nahegelegene Pöggstall wird sogar „Meran des Waldviertels“ genannt! Dieser Vergleich mit Südtirol scheint zunächst weit hergeholt, ist aber recht zutreffend: Das obere Ysper- und Weitental liegt nämlich ebenfalls an der Sonnenseite des Urgebirges, das mit seinen Wäldern wie ein schützendes Hufeisen diese südlichen Gefilde umschließt. Manche nennen diese Landschaft Donauwaldviertel, denn das Donautal ist ganz nahe, nur durch die schluchtartige Mündung der Ysper von den milden Niederungen am Strom getrennt.
Seit altersher nützen auch die Verkehrswege die kurzen Anstiege zum Hochland. Die historischen Wege, die als „Altstraßen“ das Waldviertel durchziehen, sind teilweise schon zu Wanderrouten geworden, wie die „Fürnberg'sche Poststraße“: Vom reizenden Schloß Luberegg an der Donau ließ der damalige Inhaber des Postregals im 18. Jahrhundert eine Straße zu seinen Glashütten um Gutenbrunn und weiter zu den Marktorten der Hochfläche anlegen, deren Reste jüngst bezeichnet wurden. Aber auch die Wallfahrerwege nach Maria Taferl, Sonntagsberg und Mariazell verlocken zu Touren auf geschichtsträchtigen Wegen!
Aus der Fülle von Wandermöglichkeiten in diesem Donauwaldviertel soll mein Vorschlag natürlich die schönsten Abschnitte zu einer lohnenden Runde verbinden. Mir erscheint eine Gegend immer dort am reizvollsten, wo landschaftliche Gegensätze am stärksten hervortreten. Wir steigen daher vom freundlichen Wiesengrund des Yspertals mit seinen Bächlein, Teichen und verstreuten Siedlungen hinauf zum Wald der Hochfläche. Vorbei an Gehöften geht es die Hänge hinan, immer freier wird der Blick, immer mehr treten Blockstufen aus dem üppigen Grün.
Dann schließt sich der Wald, und in seiner Einsamkeit liegen Naturschätze verborgen, die ebenso schön, aber viel weniger bekannt sind als die vielbesuchte Ysperklamm: Felsgestalten aus rauhem Weinsberger Granit mit seinen auffallenden Feldspatkristallen, von Sagen und Aberglauben umwoben, sodaß sie sogar im Heimatmuseum von Altenmarkt als Schalensteine und heidnische Opferstätten vertreten sind! In der Natur sind sie als Herzstein, Drachenstein oder Totenkopf zu bewundern.
Ein Höhepunkt der Wanderung ist der Besuch des Moores „Hauswiese“. Dieser Name regt in Verbindung mit dem nahen Burgstein die Phantasie an und läßt an eine versunkene Feste aus grauer Vergangenheit denken! Uns lockt aber die Blütezeit der botanischen Kostbarkeiten in dieses Biotop, das sogar eine Kultivierung überlebt hat und nicht einmal ein offizielles Naturdenkmal ist. Die Tour „Von

Stein zu Stein“ sollte daher schon Ende April unternommen werden, denn zu dieser Zeit blüht der Siebenstern, ein sonst überaus seltenes nordisches Primelgewächs, hier zu Hunderten. Entlang des Weges „Von Hof zu Hof“ öffnen Obstbäume und Wiesenblumen nur wenig später ihre Blüten …

Routenbeschreibung

A Von Stein zu Stein

Vom Marktplatz in Ysper (504 m) auf der Straße Richtung St. Oswald zum Ortsende, dann rechts zur Wegteilung vor dem *Schauerkreuz*. Links auf Fahrweg ins Waldgelände und wieder links auf dem Karrenweg Nr. 43 weiter. Noch vor der Wiese rechts einen Steig hinauf, der zu einem Rücken mit schönem Mischwald quert (unterhalb schöner Aussichtsplatz). Den bald von Blöcken gesäumten Rücken entlang, stets auf dem mittleren Weg bis zu einer Forststraße (links auf Weg Nr. 45 über den Großen Reitstein direkt zum Pireitsteiner, 1 Std.).

Der direkte Aufstieg auf Weg Nr. 43 über die Sofkarast zum eindrucksvoll felsigen *Weißenberg* war zuletzt behindert. Daher besser dem Forstweg unmarkiert links aufwärts folgen, beim Umkehrplatz (oberhalb der „Schalenstein“) nach Wegweiser „Totenkopf“ auf Karrenweg aufwärts und im Bogen am Kleinen Reitstein vorbei nach rechts. Bevor der Hochwald endet, leiten Fahrspuren links aufwärts (nur spärliche alte Markierung). Wo das Gelände eben wird, kommen rechts zwischen den Bäumen schon Riesenblöcke in Sicht – *Drachenstein und Totenkopf.*

Auf Steigspuren links zwischen Birken und Jungfichten zum höheren Felsturm, dem man über eine Stiege bis auf die Schulter steigt (780 m, nur knappe Aussicht über die Baumwipfel). Dann um den Blockbau herum zu spärlichem Steig mit überraschendem Aufblick ins Gesicht des Totenkopfs und am folgenden Fahrweg (Einmündung des Weges über die Sofkarast) links bergab zum Gehöft *Pireitsteiner* (ca. 730 m, 1 ½ Std., links im Acker das letzte der „Steinernen Kornmandln“; links am Waldrand zum Abstiegsweg über den Großen Reitstein nach Ysper).

Mit schöner Aussicht ins Loseneggeramt und auf die Burgsteingipfel am Waldrand rechts (nördlich) auf dem Herzsteinweg Nr. 45 weiter. Nach einem Waldstück (rechts Abkürzung zurück nach Ysper, insgesamt 3 Std.) links bis vor den Windhaghof. Den Hang aufwärts zur Rastbank mit drei Eichen, bei klarer Sicht herrlicher Alpenblick

(Ötscher)! Kurz links am Wiesenrand, dann ins Waldgelände zu einer leider aufgeforsteten Lichtung. Hier deutlich links den ansteigenden Weg entlang zu einer Kreuzung nahe von schönen Blockgruppen und links durch dichten Forst bis zur markierten Abzweigung zum oberhalb gelegenen *Herzstein* (angeblicher „Durchkriechkult", Hinweistafel).
Auf dem anschließenden, ebenfalls aufgeforsteten Plateau rechts der Weiterweg in Richtung Ysper. Viel schöner geradeaus den freien Hang mit Heidelbeer-Faulbaum-Heideboden hinan zu einer wuchtigen Felsgruppe auf dem *Hinterberg* (838 m) mit hervorragendem Fernblick (Kirche von St. Oswald). Abstieg östlich (rechts haltend) über Lichtungen zum markierten Karrenweg und um den Bergkegel in dichtem Wald links herum zur Dorfstettner Straße (1 ½ Std.).

Der Straßendamm durchschneidet das zum Hinterberghof gehörende Feuchtbiotop *Hauswiese*: Östlich ein ungestörtes Flachmoor mit Torfmoosen, Sonnentau, Fieberkleee, Siebenstern, Sumpf-Blutauge, Moosbeere, Rosmarinheide u. a. Westlich auf der Burgsteinseite ein vor Jahrzehnten durch Trockenlegungsversuch furchenartig zerschnittener, sumpfiger Heideboden u. a. mit Bach-Greiskraut, Österr. Gemswurz, Heidel- und Preiselbeere, Arnika, Faulbaum, Wollgrasarten (einblütig das Scheidige Wollgras, erst durch die weißwolligen Fruchtstände im Sommer auffallend) und Unmengen von Siebenstern (im Mai). Dieser Teil ist leichter, auch ohne Gummistiefel, begehbar – gleich von der Böschung weglos durch das Gestrüpp oder am nördlichen Waldrand vom Forstweg links abzweigend und weiter bis zum Loseneggerbach. Zeitaufwand ca. ½ Std., äußerst lohnend!

Am folgenden nördlichen Waldrand rechts der rot markierte Weiterweg (Wegweiser: Ysper, Loizen). Schräg hinauf in den urigen Fichtenhochwald mit Riesenblöcken, rechts bald eben weiter, stets am Sumpfwald entlang bis zum Sattel mit Quellbächlein unter großen Blöcken. Nun steiler hinab gegen das Yspertal, im Bogen zu einem flacheren Rücken mit dem herrlichen Blockwald in der *Loizen*. Bei einer Wegteilung (rechts direkter Rückweg nach Ysper, insgesamt ca. 4 Std.) links in steilem Hohlweg hinab zur Kapelle beim Hof *Geretzlehen* (½ Std.).

Abstieg nach Ysper: Rechts auf dem Güterweg weiter und an den Grubhöfen vorbei in den Waldgraben. Weiter auf dem Asphaltsträßchen oder rechts abzweigend über Waldandacht und Schauerkreuz nach Ysper (¾ bis 1 Std.).

Anschluß zum Weiterweg (siehe B): Links – am Geretzlehen vorbei – auf Asphalt zur Einmündung des Güterweges Kapelleramt-Süd (10 Min.).

B Von Hof zu Hof

In Ysper vom Marktplatz rechts zum Ortsrand und auf dem asphaltierten Güterweg über den breitflächigen, sonnigen Talhang ansteigend zu dem vom Berg herabziehenden Graben, wo der Geretzlehen-Güterweg einmündet (½ Std.).
Aus dem hübschen Talwinkel rechts hinauf zum malerisch zwischen Obstbäumen gelegenen Lehenhof und am modernen Lindenhof vorbei, zuletzt leicht bergab, zum folgenden Bergrücken. Hier im Wald links abzweigend und kurz danach rechts durch die Mulde zum Hof *Nußbichl*, wo der Asphalt endet. Nun talseitig auf Wiesenweg mit prachtvoller Aussicht bergab zum nächsten Güterweg und kurz links zum Gehöft *Überländ* (576 m, ½ Std.).
Bei diesem Bauernhof beginnt ein „Traumweg" des Yspertals – auf Karrenweg die Obstbaumreihe entlang, an Feuchtstellen mit vielen Blumen und Felsblöcken vorbei in das nächste Seitental, wo ein riesiger „Steintisch" den Bach zu überbrücken scheint. Bei der Wegteilung (vorher Lärche mit Weg Nr. 20, nicht in den Graben hinein!) entschieden rechts abzweigend auf altem Weg zum Bach. Jenseits den Wegspuren nach durch ein kurzes Sumpfstück und im Rechtsbogen zur Wegfortsetzung, die zwischen Gebüsch und Blöcken zum Hof *Stein* hinaufzieht (ca. 640 m), herrlicher Ausblick auf Ötscher, Dürrenstein und Hochschwab!
Nun auf Asphalt kurz bergab, am Weyretzberger vorbei ansteigend zum Hof Rapoldsberg mit Wegteilung. Auf der oberen Straße steiler ansteigend zu den Riesenblöcken des aufgelassenen Hofes *Wiegenstein* (ca. 700 m). Hier rechts abzweigend auf Karrenweg durch hübsches Gelände mit Birken und Heidekraut bergab in eine feuchte, aufgeforstete Blockmulde und, nach spärlichen Wegspuren über die Wiese querend, zum *Salmesberghof* (1 Std.).
Oberhalb auf Karrenweg über die Wiese zum Waldrand mit letztem Alpenblick und um die Bergecke bald bergab durch blockreichen Hochwald mit stattlichen Rotbuchen in den *Saubachlgraben* (bisher Weg Nr. 20; gegenüber „Wackelsteinturm", die durch Verstürze entlang einer Kluftlinie entstandene „Saubachlhöhle" gilt mit mehr als 300 m Länge als größte Granithöhle Mitteleuropas!).
Auf der Königswaldstraße kurz links und gleich wieder rechts abzweigend über das Saubachl und zum gegenüberliegenden Wald-

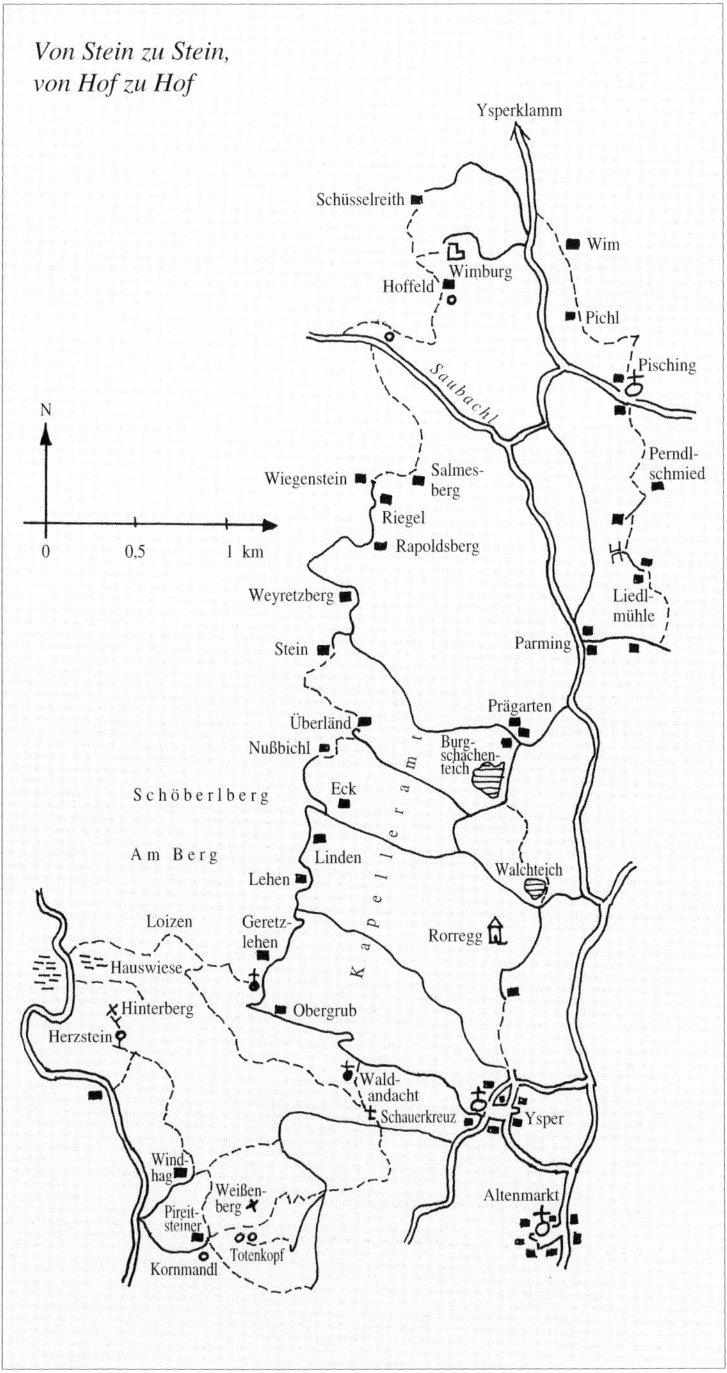
Von Stein zu Stein,
von Hof zu Hof
Ysperklamm
Schüsselreith
Wim
Wimburg
Hoffeld
Pichl
Pisching
Saubachl
N
Perndl-
schmied
Wiegenstein
Salmes-
berg
Riegel
0
0,5
1 km
Rapoldsberg
Liedl-
mühle
Weyretzberg
Parming
Stein
Prägarten
Überländ
Burg-
schachen-
teich
Nußbichl
Eck
Schöberlberg
Kapelleramt
Linden
Am Berg
Walchteich
Lehen
Loizen
Geretz-
lehen
Rorregg
Hauswiese
Hinterberg
Obergrub
Herzstein
Wald-
andacht
Schauerkreuz
Ysper
Wind-
hag
Weißen-
berg
Altenmarkt
Pireit-
steiner
Totenkopf
Kornmandl

rand, wo ein ansteigender Waldweg mit Nr. 81 beginnt. Auf der Anhöhe im Wald weiter (von der Lichtung rechts Steigspuren zum Granitblockturm mit auflagerndem Wackelstein hoch über dem Grabenrand) und den Rücken auf idyllischem, von Blöcken gesäumten Waldweg entlang.
Mit Linksbogen steiler in die Hangmulde von *Wimberg* und geradeaus auf den Ruinenturm zu, an einem im Feld gelegenen Riesenblock vorbei, zum Gehöft Hoffeld (auch Hinter-Dörfl, Rückblick zum Ostrong). Links die Baumreihe entlang mit folgender roter Markierung in den Wald hinein und bei Kreuzung rechts den Graben querend auf Fußsteig zum Sattel der *Ruine Wimburg* (¾ Std., rechts Abstecher zu dem in Fels geschlagenen Halsgraben vor dem riesigen, aus dem 13. Jh. stammenden Rundturm oberhalb der Wimburg, Zugang zur Ruine vom Talweg am nördlichen Berghang).
Vom Ruinensattel mäßig steigender Weg durch mit Blöcken durchsetzten Wald und im freien Gelände auf Wegspuren weiter zum schon sichtbaren Haus *Schüsselreith*. Nun auf Fahrweg im Bogen bergab zur Straße im Yspertal, auf dieser weiter zur Ysperklamm (½ Std., von Ysper 3 ¼ Std.).

Durch die Ysperklamm: Diese Blockschlucht mit ihren hübschen Kaskaden bietet auf einem gut ausgebauten Steig entlang des Baches ein besonderes Schaustück des Waldviertels! Vom ehemaligen, zur Holzschwemme angelegten Ödteich oberhalb der „Klamm" Abstieg entlang der Forststraße, davon bald rechts abzweigend, weiter unten über den Bach, zurück zum Gasthaus (1 ¼ Std.). Autobus zurück nach Altenmarkt bzw. Ysper oder Wanderung wie bei C in 2 ¼ Std.
Direkter Rückweg nach Ysper: Von Schüsselreith kommend gleich bei Erreichen der Straße kurz links talein und gleich wieder rechts abzweigend auf dem Weitwanderweg beim Gut Wim vorbei wie bei C.

C Ysperklamm – Pisching – Ysper

Die recht hübsche, sonnige Talwanderung ist nur bei nicht zu heißem Wetter günstig, teilweise Asphaltstrecken, aber auch weglose Wiesenstücke, markiert, aber verwinkelte Wegführung, 2 Std.
Von der Ysperklamm auf der Straße talaus zur markierten Abzweigung des Weitwanderweges (529 m, Nr. 606 + 08) und bei den stattlichen Höfen Wim und Pichl vorbei auf Fahrweg zur Wegkreuzung. Nun rechts angesichts der schönen Barockkirche hinab nach

Pisching (516 m, 3/4 Std. von der Ruine Wimburg, 1/2 Std. von der Ysperklamm; neben der Kirche der urkundlich im 12. Jh. als Sitz der „Puschinger“ genannte Gasthofbau).
Die Talstraße bei der Kirche überquerend, geradeaus weiter zum Talboden der Ysper (Rastbänke) und auf idyllischem Wiesenweg zur Brücke bei der ehemaligen Perndlschmiede. Danach rechts auf ein einzelnes Haus zu, vorher bei Leitungsmast vom Asphalt weg links über die Wiese zu einem Bächlein und dieses rechts entlang bis vor die Ysperbrücke, dann links zum Hof Liedlmühle. Hinter dem alten Stall auf Steg ans Westufer der Ysper und weglos den Bachlauf entlang, bei dessen Linksbogen je nach dem Graswuchs geradeaus oder am Bachufer weiter zur nächsten Verbindungsstraße.
Dort nun stets auf Asphalt rechts über den Hügel hinweg (weiterer Wiesenweg abgekommen!) zur Häusergruppe Parming. Auf der Straße die Talmulde entlang, bei der nächsten Kreuzung rechts auf den Felderhügel von *Prägarten* und zum *Burgschachenteich* hinab (1 Std., schöner Badestrand!).
Nach dem Damm gleich links hinab und im Bogen den Hügel entlang zum romantischen Walchteich. Geradeaus leider wieder auf Asphalt den Talrand unterhalb von *Schloß Rorregg* leicht ansteigend entlang (Prachtblick auf Ysper und Altenmarkt). Links – an den Wirtschaftsgebäuden vorbei – wieder auf einen schönen Wiesenweg, der nach Ysper zurückführt (1/2 Std.).

Weitere Wandervorschläge

Kurztouren: Ysper – Weißenberg – Totenkopf – Pireitsteiner – Großer Reitstein – Ysper in 2 1/2 Std. (siehe A).
Ysper – Waldandacht – Windhag – Herzstein – Hinterberg – Hauswiese – Loizen – Ysper in 3 3/4 Std.
Burgschachenteich – Güterweg Kapelleramt – Ruine Wimburg – Pisching – Burgschachenteich in 3 bis 4 Std. (siehe C).

Extremwanderung: „Von Stein zu Stein“ bis Geretzlehen – „Von Hof zu Hof“ bis Schüsselreith – durch die Ysperklamm – über Pisching nach Ysper in 9 1/2 Std.

Die vielen Wege vor dem großen Wald

Route A:	Schönbach – Kleines Kamptal – Reitern – Schönbach, abwechslungsreiche, leichte Halbtagswanderung über „Berg und Tal" in 2 ½ Std.
Route B:	Traunstein – Aschen – Pernthon – Lichtenau – Traunstein, insgesamt 6 ½ Std., markierte Wege und Orientierungswanderung für ambitionierte Wanderer, „querfeldein und waldhindurch" über die schönsten Partien des Urgebirges! Bei einer Winterwanderung benützt man von Aschen als Rückweg die Markierung Nr. 2 über Stückelberg!
Route C:	Schönbach – Dorfstadt – Buchegg – Traunstein – Anschau – Lichtenau – Schönbach, insgesamt 6 Std., großteils markierte Rundwanderung auf guten Wegen zwischen „Tal und Berg" oder umgekehrt.
Empfehlung:	Persönlichen Entdeckungen nach der Schönbacher Wanderkarte steht nichts im Wege. Meine Vorschläge benützen aber die schönsten Wegkombinationen mit dem wenigsten Asphalt! Für Route B Proviant und Getränke mitnehmen!
Einkehr:	Gasthöfe in Schönbach, Traunstein, Aschen und Pernthon.
Karten:	Österr. Karten Nr. 35 und 36, Freytag & Berndt WK 111.
Information:	Gemeindeamt 3633 Schönbach, Tel. 02827/246, Marktgemeinde 3632 Traunstein, Tel. 02878/217.
Zufahrt:	Von Westautobahn-Abfahrten Melk oder Ybbs über Martinsberg nach Traunstein. Von Zwettl auf der Gerungser Straße über Rappottenstein nach Schönbach. Beide Orte mit direkter Straßenverbindung.

Anfang der achtziger Jahre dürfte es gewesen sein, als ich zum erstenmal die Vorberge des Weinsberger Waldes durchstreifte. Dem Gefühl nach war ich aber in eine viel fernere Vergangenheit versetzt – Kornmandln auf den Feldern, alte Gehöfte mit steinernen, weiß ausgefugten Mauern und sandige Fahrwege. Einen „weißen Fleck in den Urlaubsprospekten“ nannte ich damals die Bergbauernlandschaft zwischen Schönbach und Traunstein!
Die jüngste Begegnung mit einer farbenprächtigen Wanderkarte zur Hand zeigte, wieviel sich innerhalb weniger Jahre verändern kann. Besonders hier, in diesem am längsten urtümlich gebliebenen Stück Waldviertel: Die meisten Bauernhäuser sind neu gebaut, mit asphaltierten Hofzufahrten, die zugleich als Wanderwege markiert sind. Einerseits viele Waldlichtungen aufgeforstet und alte Wege abgekommen. Anderseits statt markierter Steige neue Forststraßen, Strom und Telefon bis in die entlegensten Häuser. Den hier ansässigen Menschen mögen all die Neuerungen das Leben sehr erleichtern. Als Gästen steht es uns daher auch nicht zu, vergangenen Zuständen nachzutrauern …
Wirklich passable Wanderrouten auszuklügeln, wird allerdings immer schwerer. Wo sind sie geblieben, die idyllischen Steiglein von Hof zu Hof, vorbei an Sumpfwiesen und Riesenblöcken? Gibt es vor lauter Markierungen keine „Wanderwege“ mehr? Aber keine Angst – aus den vielen Wegen zwischen Schönbach und Traunstein sind schon eine kleine und zwei große Runden geworden, mit den bezauberndsten Wegstellen und einem Minimum an Asphalt!
Man sollte sich wirklich ein langes Wochenende Zeit nehmen, um diese „Waldviertler Voralpen“ zu erwandern: knapp am Weinsberger Wald, am Rand der endlosen Forste, wo liebliche Mulden und steilere Gräben hinabführen zum Kamp. Auch die beiden recht gut erschlossenen Ausgangspunkte haben ihren eigenen Reiz. Vereinen sie doch, und das in diesem abgelegenen Gebiet, künstlerische Höhepunkte des Mittelalters und der Moderne!
Schönbach liegt in einer hübschen Talmulde, überragt von der kunsthistorisch bedeutenden ehemaligen Kloster- und Wallfahrtskirche. Traunstein ist die Wirkungsstätte des Künstlerpfarrers Elter, der am Fuß des Wachtsteins sein Atelier eingerichtet und mit seiner Gemeinde die Pfarrkirche im neuen Stil erbaut hat. Der hochgelegene Ort beherrscht auch den Ausblick über die Hochebene von Ottenschlag bis hin zum Horizont der Alpen.
„Im Reich der Schalensteine“ – so könnten die Touren in diesem Herzstück des ehemaligen Nordwaldes überschrieben sein. Auch wenn uns beim Wandern nur einige der über 200 hier entdeckten seltsamen Steinformen begegnen sollten!

Routenbeschreibung

A Schönbach – Kleines Kamptal

In Schönbach von der im Seitengraben verlaufenden Ortsstraße, an der Raiffeisenkasse vorbei, auf Asphalt zur Anhöhe beim *Bäckerberg*. Hier rechts gelb markierter Feldweg Nr. 22/4 (durchlaufende Markierung für die ganze Tour) hinab in den nächsten Graben. Der beim Gehöft abzweigende Waldsteig ist abgekommen, daher talauf den Fahrweg entlang und nach 500 m rechts über einen Sattel zu einem sehr schönen Waldweg. Dieser führt, zuletzt mit kurzen Kehren und an einer herrlichen Aussichtskanzel vorbei (Münzenberg und Kamptal), hinab zum *Kleinen Kamp* bei einer alten Sägemühle (ca. 700 m, ¾ Std.).
Nun etwas feucht auf Karrenweg den Fluß entlang bis zu einer Brücke. Gleich am linken Feldrand bleibend zu einem romantischen Waldsteig, der bei der nächsten Brücke den Talfahrweg erreicht. Die Talwiesen unterhalb des Leitenhofes entlang und im folgenden Waldstück links abzweigend (auch rote Markierung Nr. 608). Der Forstweg steigt allmählich zum Hof *Pfennigreith* mit einer privaten Waldbahnanlage an. In der folgenden Waldmulde geht es links durch die Senke weiter, an kleinen Fischteichen vorbei und über den Wiesenhang nach *Reitern* (ca. 810 m, 1 Std.).
Links nur kurz auf der Asphaltstraße (Wachtberg – Dorfstadt) und gleich rechts auf einem Wiesenweg in die Wälder des Wachtberges. Nach leichter Steigung folgt eine Wegkreuzung (links auf den blockreichen *Wachtberg*, 867 m, zusätzlich 20 Min.). Hier rechts steiler bergab, zuletzt durch verblockten Nadelhochwald zu einer Forststraße. Diese kurz links entlang, aber bei Biegung geradeaus auf Waldweg zu den schon vorher sichtbaren eindrucksvollen *Drudenmäuern*. Links vorbei auf altem Karrenweg zu einem breiten Güterweg, der durch die Ackermulde und über einen kleinen Sattel zur Schönbacher Straße führt (¾ Std.).

B Traunstein – Aschen – Pernthon – Traunstein

Die Ortsstraße von Traunstein bergab und bei der Querstraße links bis zur Kreuzung (Spielberg – Aschen). Geradeaus über die verbaute Anhöhe (ca. 900 m) hinweg und auf sandigem Fahrweg, rot markiert Nr. 2, weiter zum ehemaligen Spitzhof. Nun leider auf Asphalt die Hummelbergstraße entlang, dafür landschaftlich recht reizvoll und besonders beim *Dapfhof* eindrucksvolle Steinblöcke!

Im folgenden Waldstück beim Gefälle gleich links auf alten Fahrweg, der im freien Gelände nordwärts am Hummelberg vorbei führt und nachher den nicht mehr asphaltierten Hauptweg erreicht. Durch ein Waldstück bergab zu Ackerflächen und geradeaus auf einem reizvollen Waldweg mit Blockpartien und Heidelichtungen zu einer weiten Mulde. Trotz der Ausräumungsspuren noch immer eine herrliche Blockflur bis zur Häusergruppe *Mauröd.*

Gleich links auf Fahrweg über einen Sattel zur ehemaligen Aschermühle hinab und den nächsten Rücken auf Karrenweg überschreitend zu den freien Acker- und Wiesenflächen mit dem Dörfchen *Aschen* (857 m, 1 ¼ Std.; rechts die renovierte Ortskapelle und der Gasthof Kolm „Zum Jagawirt", Montag Ruhetag).

Beim Jagawirt links abzweigend auf der Seitenstraße bis zum Waldrand. Dort beim Haus Nr. 8 links blau markiert abzweigend, bei der

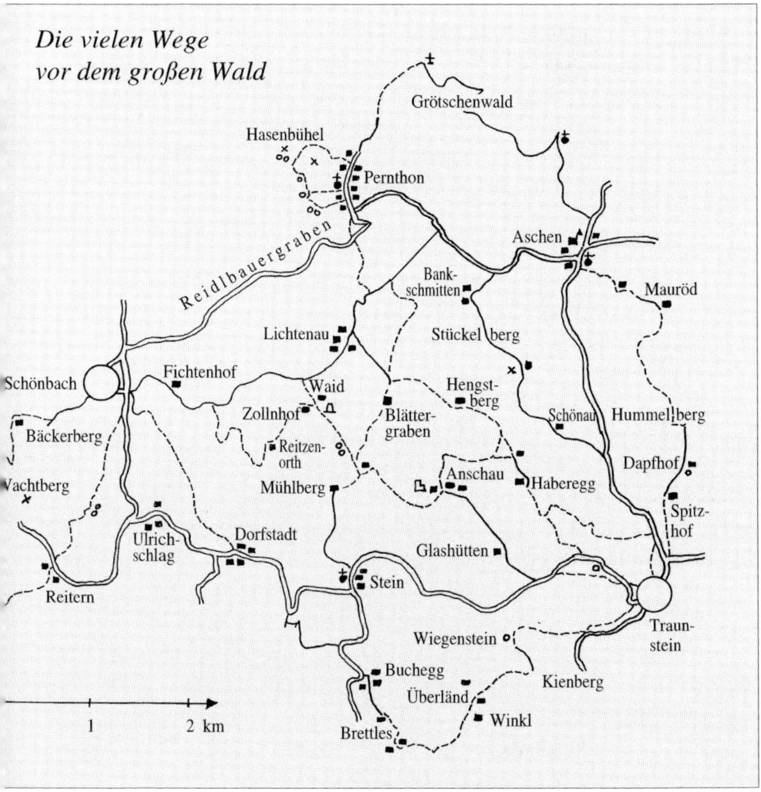

folgenden Gabelung rechts hinab in den von Fichtenforsten beherrschten *Grötschenwald*. Nach einer Lichtung folgt ein Bildstock beim ehemaligen Kollerhof (auch „Überland" genannt) und gleich danach eine Kreuzung. Hier scharf links auf unmarkierter Forststraße über die wild verblockten Anhöhen (ca. 900 m) hinweg, zuletzt durch Mischwälder bergab zu einem Kreuzungsplatz mit der roten Markierung Nr. 612.
Auf dieser rechts einem Karrenweg nach, oberhalb eines Wildzaunes nur leicht bergan und fast weglos auf eine Felsstufe zu. Dieser Querriegel muß überschritten werden, um die nächste Forststraße zu erreichen. Dazu durchquert ein spärlicher Steig einen dichten Fichtenjungforst fast ohne Markierungszeichen! Dann links auf der Waldstraße leicht bergab, an einigen Felsgruppen vorbei, zum freien Sattel mit der Wegkreuzung beim ehemaligen Redlhof (ca. 830 m, Wildacker).
Hier links mit schönem Ausblick gegen den Weinsberger Wald eine Wiesenmulde entlang bergab, wo ein gelb markierter Karrenweg Nr. 22/5 beginnt. Dieser leitet durch eine idyllische Wiesenmulde und um einen Waldkogel mit Blick auf Arbesbach herum, zuletzt auf Asphalt zu dem in einer freundlichen Mulde gelegenen *Pernthon* (750 bis 780 m, 1 ½ Std.; Gasthof Hackl, meist geöffnet, zum Essen aber unbedingt anmelden, Tel. 02827/236).

Variante über den Hasenbühel (814 m, eine der besonders typischen Waldviertler Urgebirgspartien, überaus lohnend, unmarkiert und teilweise weglos, 1 bis 1 ½ Std.): Kurz nach dem unteren Ortsbeginn gegenüber einem geschnitzten Marienmarterl auf Fahrweg zu einer am westlichen Hang sichtbaren Sandgrube. Von dort führt ein Karrenweg mit prächtigem Blick auf die Streifenfluren und die ersten Blockgebilde auf eine Wiesenfläche. Geradeaus zu einem unbenannten Waldkogel mit hervorragenden Granitklippen, Schalensteinen (offenkundig auf natürliche Art durch Wurzelerosion gebildet!) und Ausblick über das Kamp- und Lohnbachtal sowie zum Weinsberger Wald.
Kurz zurück und vom Sattel weglos südlich bergab in die mit Fichten bepflanzte Senke. Eine Waldgasse leitet mühelos durch zu den schon vorher sichtbaren, ebenfalls „steinreichen" Ackerfluren westlich des nicht betretenen Hasenbühel-Gipfels. Links am Waldrand entlang zu einem Feldweg, der vom nächsten Sattel links nach Pernthon nahe der Ortskapelle zurückführt.
Erweiterung der Runde – südlich weiter weglos über Wiesen- und Ackerstreifen auf die Anhöhe mit dem rechts gelegenen

„Marienstein". Jenseits verläuft unterhalb ein Fahrweg, den man an einem Eisenkreuz auf Felsplatte vorbei links haltend verfolgt. Dort unten in der Mulde ein riesiger „Buckelstein" (nur schwer durch einen Kluftspalt ersteigbar) und rechts vom verblockten Wäldchen der „Kamelstein"! Auch dieser Feldweg führt nach Pernthon zum oberen Ortsende zurück.

Nach der ansteigenden Durchquerung von *Pernthon* erreicht man einen Sattel mit Kreuzung der Aschener Straße (bis Aschen 3 km). Gleich durch den Graben unmarkiert auf Wiesenweg zur Kapelle im Reidlbauergraben, über die Straße und gegenüber auf Fahrweg rechts zur Anhöhe. Nun leicht rechts haltend weglos in die nächste Mulde hinab und wieder auf Fahrweg im Bogen ansteigend zur asphaltierten Lichtenaustraße (hier zweigt eine lohnende Variante ab – links auf der Straße zum Waldrand und dann rechts abzweigend auf dem Güterweg „Hackenfeld" zum Sattel vor Blättergraben).
Auf der Lichtenaustraße mit Kehre hinunter nach *Lichtenau* (ca. 730 m) und links auf dem asphaltierten Güterweg nach der grünen Markierung Nr. 22/2 ansteigend zum Sattel vor dem Haus Blättergraben (ca. 780 m, $^3/_4$ bis 1 Std.).
Dort links auf dem rot markierten Traunsteiner Rundweg Nr. 1 durch den mit Blöcken durchsetzten Fichtenhochwald mit einem Quellbächlein zu einer bezaubernden Waldwiese (schöner Rückblick). Diese gerade hinauf, am rechten Wiesenrand entlang und durch das Gesträuch in etwas verwirrender, aber recht gut markierter Wegführung zu den oberhalb in gleicher Richtung anschließenden Wiesenflächen. Die Strauchreihe weglos entlang und an deren Ende rechts aufwärts zu Fahrspuren, die durch Felder zu dem wie eine Burg trotzenden Hof *Hengstberg* führen (ca. 885 m, Hausgärtchen in einer Blockgruppe!).
Auf der Asphaltstraße mit schönem Rückblick auf das ferne Arbesbach bis zur Waldecke und rechts abkürzend zu einem Fahrweg. Auf der folgenden freien Fläche gleich links am Waldrand entlang und auf Asphalt an großen Blöcken vorbei zum Hof *Haberegg*. Dort rechts abzweigend den unteren Rain entlang zu einem Wäldchen mit Blockgruppe. Daran rechts vorbei bergab und in den Wald hinein zu einem „Brückerl" über den verblockten Bachgrund (ca. 850 m, 1 Std.; rot markiert links abzweigend weiter nach Traunstein in gut $^1/_2$ Std.).
Nun unmarkiert rechts abzweigend auf deutlichem Steig durch den von großen Blöcken gesäumten Wald, eine aufgeforstete Sumpfmulde am Waldrand auf Steigspuren entlang und ein Seitenbächlein überquerend zu einem alten Karrenweg. Bald auf einem Forstweg weiter im Wald und in den Seitengraben hinein. Aus diesem rechts

zur Schönbacher Straße und auf dieser links ansteigend bis zum *Franzosenstein.* Dort über den Kirchenberg hinweg (rechts das Atelier von Dechant Elter, links die Abzweigung zum Wachtstein um den Friedhof) nach *Traunstein* (923 m, 40 Min.).

C Schönbach – Traunstein – Schönbach

In Schönbach von der in Richtung Traunstein gelegenen Hauptstraßen-Kreuzung (ca. 710 m), blau-grün markiert Nr. 22/3 + 6, durch die Seitengasse rechts zu einer großen Sandgrube. Von dort steigt ein Waldweg an zwei Kapellen vorbei zur Weggabelung mit der „Alten Straße" an. Hier links blau markiert Nr. 22/6 in die Mulde des oberen Dorfstadtgrabens. Links haltend durch ein Wäldchen und durch die weite Mulde hinauf nach *Dorfstadt* (797 m).

Nun ³/₄ km auf der Straße in den Rehbachgraben hinein und unmarkiert bei der Straßenbiegung (ehemaliger Mühlweiher für die am Hang gelegene Rehbachmühle) auf Forststraße noch einige Schritte im Graben weiter. Dann auf Karrenweg steil links hinauf wieder zur Forststraße (deren Bogen kann auch ausgegangen werden). Gleich bei der nächsten Abzweigung scharf rechts weiter und mit einem größeren Bogen hinauf zur Buchegger Straße und asphaltiert rechts mit herrlicher Aussicht aufwärts nach *Buchegg* (ca. 910 m, 1 ³/₄ Std.).

Links in die Häuserzeile und auf Fahrweg weiter zu einem einzelnen Haus nahe dem Waldrand. Links vorbei zu einem hübschen Waldweg, der rot markiert mit Nr. 1 über eine Anhöhe zu den Gehöften von *Brettles* führt. Dort gleich links auf Karrenweg den Abhang entlang bergab in das oberste Höllbachtal und gegenüber auf Fahrweg hinauf zu den Häusern von *Winkl* und *Überländ.*

Auf der Straße links an einem Bildstock vorbei und rechts auf einem Feldweg in den nun geschlossenen Wald zu einer Forststraße. Entlang der roten Markierung leicht rechts auf Karrenweg weiter, bei der nächsten Forststraße, links wendend, länger bergab. Ein rechts abzweigender Karrenweg führt oberhalb am *Wiegenstein* (früher ein wirklich wackelnder Wackelstein!) vorbei und um den sehr blockreichen Rücken des Kienberges herum in eine Senke. Nahe der „Wolfsgrub" kurz an den Straßenrand, dann wieder links in den Wald. Immer noch an großen Blöcken vorbei, zuletzt auf Wiesenweg beim Sportplatz nach *Traunstein* (923 m, 1 ¹/₄ Std.).

Über den Kirchenberg hinauf zum Bildhauer-Freigelände (Besichtigung des Ateliers möglich) und am Friedhof links herum zu einem Steig, der auf den *Wachtstein* hinaufführt (ca. 950 m): Eindrucksvoller Ausblick über die Landschaft der östlichen Hochfläche. Das unruhige Bergland des aus Weinsberger Granit bestehenden „Urgebirges“ steht dem einförmigen, aus Gneis der „Monotonen Serie“ aufgebauten Hochland um Ottenschlag und Grafenschlag gegenüber!

An der Kirche vorbei (alter Kirchenrest als Seitenschiff in der architektonisch hervorragenden Halle des modernen Baues von 1961/62 erhalten, daneben Verkaufslokal und Bildungshaus). Dann zum Marktbrunnen mit typischen Figuren des „Künstlerpfarrers“ Elter und in die Marktstraße mit den Gasthäusern.
Am oberen Ende des Marktplatzes neben dem Geschäft abzweigend zur Volksschule und den „Schulberg“ hinab zur Aschener Straße. Gleich danach links auf Fahrweg abzweigend durch teilweise schöne Wälder auf roter Markierung Nr. 1 weiter. Zuletzt auf Steig bergab in den Quellgraben des Anschaubaches, auf dem auch bei Route B erwähnten „Brückerl“ über den Bachgrund und hinauf zum Hof *Haberegg* (ca. 890 m).
An den großen Blöcken vorbei bergab zum nächsten Haus und hier links weiter, bald geradeaus die Markierung verlassend. Der Fahrweg führt die Ackerflächen entlang und im Bogen hinab nach *Anschau* (823 m, 1 ¼ Std.; Rückweg nach Traunstein möglich – auf dem Weitwanderweg Nr. 605 über die asphaltierte Glashüttenstraße und am Franzosenstein vorbei in 1 Std.).
Am Waldkegel der ehemaligen Burg Anschau (1296 im Kuenringeraufstand gegen die Habsburger zerstört) links vorbei mit blau-roter Markierung Nr. 605. Am Fahrweg den Höhenrücken entlang weiter durch eine recht stimmungsvolle Landschaft und hinab zur *Anschaumühle* (753 m, links abzweigend über Mühlberg und Stein Anschluß nach Buchegg und nach Traunstein in 2 ½ Std.).
Rechts durch den Graben und auf Fahrweg den Hang hinaus zu einem wunderbaren Wegstück mit Steinblöcken, malerischer Aussicht und einem Bildbaum. Dann in den Graben hinab zum *Waidhof* (nach einer lokalpatriotischen Theorie soll von hier der Minnesänger Walther von der Vogelweide stammen, Gedenkstein!).
Man kann nun geradeaus auf dem *Weitwanderweg* in den breiten Talgrund des Edelbaches absteigen. Dort links den Rücken hinan und auf dem Lichtenau-Güterweg Richtung Schönbach.

Variante Reitzenorth – Dorfstadtgraben (kleiner Umweg, aber recht anregendes Gelände, Markierung grün Nr. 22/2, zusätzlich 20 Min.): Vom Waidhof gleich links über die Wiese zum Zollnhof hinauf und auf aussichtsreichem Hangweg hinüber nach Reitzenorth. Dort rechts zum Waldrand und diesen links weglos entlang bis zur zweiten waldseitigen Wegabzweigung. Hier auf dem Fahrweg in den Graben hinein, an einer riesigen Blockburg und Bachverblockung vorbei! Jenseits kurz talaus und links abzweigend über einen Sattel unmarkiert in den Dorfstadtgraben. Links auf Karrenweg und Steig zwischen riesigen Fichten weiter und über den Graben, wo es bald auf Fahrweg hinausgeht und mit leichtem Anstieg der Lichtenau-Güterweg erreicht wird.

Auf diesem links weiter und mit einem sehr hübschen Blick auf den in der Mulde gelegenen Grüblhof (malerisches Fotomotiv!) zum sehr schön hergerichteten *Fichtenhof*. Nun auf Asphalt weiter, oberhalb der Straße schöne Blöcke mit Kreuz und reizvollem Rückblick! Bald bergab zum Ausgangspunkt bei der Straßenkreuzung in *Schönbach* (731 m, 1 $^1/_2$ Std.). Geradeaus in die Ortsstraße und rechts abzweigend auf einem Abkürzungsweg zum Marktplatz. Dort befinden sich die unbedingt sehenswerte gotische Kirche und der Gasthof „Zur Taverne“ (Mittwoch Ruhetag).

Weitere Wandervorschläge

Kurztouren (zu den Routen B und C):

Von Pernthon über den Hasenbühel in 1 ½ Std.

Traunstein – Haberegg – Anschau – Glashütten – Franzosenstein – Traunstein in 2 ¼ Std.

Traunstein – Aschen (siehe B) – Pernthoner Straße – Viermärkteweg Nr. 612 – Güterweg „Hackenfeld“ – Blättergraben – Hengstberg – Haberegg – Traunstein in 4 ½ Std.

Traunstein – Franzosenstein – Glashütten – Anschau – Anschaumühle – Mühlberg – Stein – Buchegg – Brettles – Winkl/Überländ – Wiegenstein – Traunstein in 3 ½ Std (siehe C).

Extremwanderung: Traunstein – Aschen – Pernthon – Lichtenau – Blättergraben – Reitzenorth – Dorfstadtgraben – Fichtenhof – Schönbach – Dorfstadt – Buchegg – Brettles – Winkl/Überländ – Wiegenstein – Traunstein in 8 Std.

Wandern auf Europas „Urbuckel"

Route: Arbesbach – Arbesberg – Neumelon – Lohnbachfall – Kitzlermühle – Stieglitzmühle – Münzenberg – Altmelon – Arbesbach, insgesamt 6 Std. (ohne Varianten), großteils leichte, markierte Wege in offenem Gelände, Orientierungsvarianten zu den Straßenstücken.

Empfehlung: Nicht bei zu heißem Wetter!

Einkehr: Gasthöfe in Altmelon.

Karten: Österr. Karte Nr. 35, Wanderkarte Arbesbach.

Information: Marktgemeinde 3925 Arbesbach, Tel. 02813/213, Gemeindeamt 3925 Altmelon, Tel. 02813/292.

Zufahrt: Von Zwettl über Rappottenstein. Von Westautobahn-Abfahrt Ybbs über Yspertal – Dorfstetten – Kleinpertenschlag. Von Linz über Grein und Königswiesen.

Wandern zwischen Traunstein und Langschlag heißt, das „Waldviertler Urgebirge" zu erleben. Es ist schon eine eigenartige Welt, dieses sanfte, fast behäbig dahinwellende Bergmassiv: Auf den Höhen ein Hügelland, das immerhin die Tausendergrenze erreicht, also ein echtes Hochplateau. Aus den Tälern betrachtet, die in verwirrender Unregelmäßigkeit eingesenkt sind, aber zugleich ein Mittelgebirge! Diese sanfte Landschaft ist auch weithin kultiviert und besiedelt, in den geschützten Mulden ebenso wie auf den sturmüberbrausten Höhen.

Die Gesteine und ihre Oberflächenformen sind in diesem „Urgebirge" wirklich uralt – eine ganze erdgeschichtliche Epoche älter als die Alpen, wo selbst in das „Urgestein" an vielen Stellen noch jüngere Schichten eingelagert sind. Die Geographen sprechen hier von einer Rumpflandschaft, die von der sogenannten Variscischen Gebirgsbildung des Erdaltertums übrig geblieben ist. Im Mittelalter und in der Neuzeit der Erdgeschichte, als sich die Alpen erst bildeten, folgte hier schon eine Phase der Abtragung, des Ausgleichs von Höhen und Tiefen, bis hin zu Hügeln und Ebenen.

Damit gehört das Waldviertel mit dem Mühlviertel und dem Böhmerwald zu den aus kristallinen Gesteinen (Granit, Gneis und Schiefer) aufgebauten Bergmassen rings um Böhmen und im Deutschen Mittelgebirge. Dennoch ist es kaum mit dem Schwarzwald oder den Sudeten vergleichbar, die auch zu dieser geologischen Großeinheit Europas gehören. Nicht einmal im eng verwandten, unmittelbar benachbarten Mühlviertel sieht es so aus wie hier! Denn der oberösterreichische Anteil der „Böhmischen Masse", wie das Granit-Gneis-Hochland nördlich der Donau genannt wird, ist viel stärker zertalt und gegliedert, wie schon ein Blick auf die Karte zeigt.
Die größte Ähnlichkeit mit dem Böhmerwald haben noch der Weinsberger Wald rund um Bärnkopf und dessen Fortsetzung entlang der Landesgrenze zwischen Ober- und Niederösterreich bis zum Freiwald bei Karlstift. Dort sammeln in hochgelegenen Mulden Großer und Kleiner Kamp ihre Quellen, und im Übergang zu den nach Süden abfließenden Bächen stauen sich die Wasser im Tanner Moor und in der Meloner Au.
Die „Gipfel" dazwischen treten kaum wegen ihrer Höhe hervor. Vielmehr weil sie sich wie freie Inseln, etwa in Purrath oder Leopoldstein, über das „Waldmeer" erheben. Denn geschlossener Wald verhüllt die Landschaft, verstellt die Ausblicke und erschwert die Orientierung. Als Wanderer kann man sich in dem Gewirr von Güterwegen und Forststraßen kaum zurecht finden.
Ohne Markierungshilfe bleibt sogar trotz Karte und Kompaß stets eine gewisse Unsicherheit, wo man sich gerade befindet! Nur der Nord-Süd-Weitwanderweg zieht wie ein roter Faden durch diese grüne, von Fichten beherrschte Einöde. Nicht durch die natürlichen Voraussetzungen, sondern durch den Einfluß des Menschen hat sich hier ein Rest des mittelalterlichen Nordwaldes erhalten. Daß diese geschlossenen, nie urbar gemachten Wälder einst eine Fichten-Buchen-Tannen-Gesellschaft waren, wie es der Höhenstufe entspricht, kann man sich heute gar nicht mehr vorstellen. Ebenso wie die überall verbreiteten Lupinen nicht hier heimisch, sondern eine Kulturpflanze sind!
Im Gesteinsbestand vollkommen gleichartig, kaum niedriger, aber viel lebhafter im Wechsel von Wäldern und offenem Land ist die allmählich absinkende Nordseite des Urgebirgsrückens. Hier überwiegt das seit dem frühen Mittelalter gerodete Land, und die „Vier Märkte" (Rappottenstein, Schönbach, Arbesbach und das bereits zur Stadt erhobene Groß Gerungs) bilden lokale Zentren in der mit Einzelhöfen, Weilern und Dörfern überstreuten Landschaft.
Arbesbach wurde, ebenso wie Altmelon, auf einem hohen Bergsattel erbaut. Der hochragende Turmrest der Ruine ist als „Stockzahn des

Waldviertels" bekannt und weithin sichtbar, und in seinem Blickfeld kann sich der Wanderer immer gut orientieren, ob er nun durch die sanften Mulden mit ihren idyllischen Bachläufen und Sumpfstellen dahinbummelt oder in die benachbarten Täler zum Großen oder Kleinen Kamp hinabsteigt.
Nach einer solchen Bergabwanderung muß man allerdings wieder zurück auf die Berghöhe – ein Problem, das mein Tourenvorschlag in Form einer interessanten „Orientierungsroute" abwechslungsreicher zu gestalten versucht.
Die mit Wiesen und Waldstücken, ja sogar mit Äckern belebte Flur gewinnt noch an Reiz durch die vielfachen Steinformen. Schon bei der Anfahrt von Rappottenstein über Pretrobruck stößt man auf abenteuerliche Formen, etwa den „Vogelstein". Schließlich bietet ein Spaziergang durch das „Blockmeer" von Kleinpertenschlag, zu dem man über Altmelon gelangen kann, sicher einen Höhepunkt des Wandererlebnisses Waldviertel.

Routenbeschreibung

Vom Arbesbacher Marktplatz Richtung Rappottenstein in die Kuenringerstraße, an der Bäckerei Huber vorbei und rechts auf den *Schloßberg* mit der Ruine (903 m, Schlüssel zum Aussichtsturm in der Bäckerei Huber, aber auch von der tieferen Turmterrasse schöner Ausblick), zusätzlicher Zeitaufwand 20 Min.
Zurück zum Parkplatz und links auf einem unbezeichneten Fahrweg am Schloßberg südlich vorbei zur Straße Richtung Neumelon. Von dieser bald, rot markiert, bei einem Gehöft rechts abzweigend und bei der folgenden Kapelle links hinüber in die weitläufige Mulde des Arbesbaches. Geradeaus wieder ansteigend folgt eine sehr schöne Wegstelle zwischen einem Heidelbeerwald und einer idyllischen Bachmulde mit üppiger Flora! Gleich danach zweigt rechts ein unbezeichneter Fahrweg zum Arbesberg ab (siehe Variante). Geradeaus zu einem Sattel mit Bildstock (ca. 840 m, ½ Std.).

> *Variante Arbesberg* (895 m, sehr schöner Blockkogel und Aussichtsplatz, Aufstieg unmarkiert, zusätzlich ½ Std.):
> Nach der Bachmulde rechts zum Waldrand und diesen kurz entlang. Auf einem Karrenweg in den Wald hinein bis zu einer Blockgruppe. Dort links im Bogen zum Gipfelaufbau, wo man weglos über Lichtungen höher steigt und auf dem Querweg rechts unter dem scharfen Südgipfel vorbei den Kapellenplatz im Sattel erreicht. Jetzt rot markiert, auf den nördlichen Gipfelblock mit Kreuz und Blick auf Arbesbach.

Abstieg, rot markiert, über den bewaldeten Westhang zur Straße (gegenüber der markierte Weg nach Altmelon!), diese kurz links entlang und links auf Feldweg zum Sattel mit Bildstock.

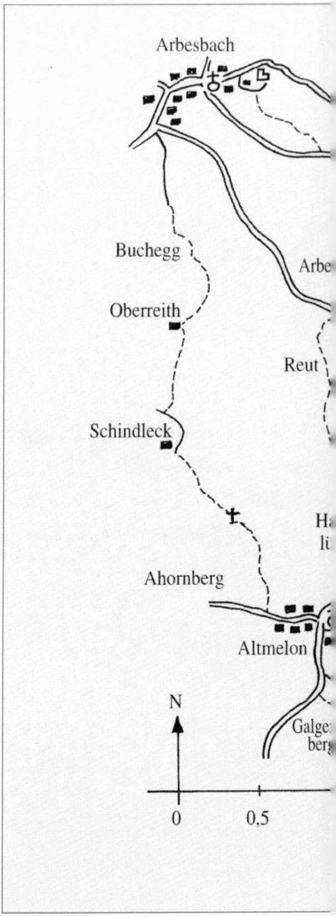

Vom Sattel beim Bildstock zur asphaltierten Neumeloner Straße hinab und auf dieser an Gehöften vorbei das freundliche Tal entlang zur Engstelle mit dem Sägewerk *Renngasse*. Erst nach der Straßenbiegung links über den Perwolfsbach und, rot markiert Nr. 2, in das Waldtal hinein. Der Fahrweg führt bei der Brunnmühle vorbei, überquert wieder im Wald den Sattel zwischen Roßberg und Spannberg und zieht schließlich das breite Lohnbachtal entlang.
Bei Fischteichen kann man am rechten Bergrand weitergehen (rechts asphaltierter Güterweg Roßgraben nach Lohn). Schöner ist jedoch der Weg am linken Waldrand entlang, eine Bachfurt durchwatend und rechts auf Waldsteig zum *Zeller Steg* (ca. 720 m, 1 3/4 Std. von Arbesbach; alter Wallfahrerweg nach Mariazell).

Variante über den Lohnbachfall (sehr reizvoll, besonders nach stärkeren Niederschlägen, im Ab- und Aufstieg kaum 1/2 Std.): Blau und grün markiert, auf Karrenweg das Tal entlang (naturkundliche Hinweistafeln) und, rechts abzweigend, auf einem Steig zu den ersten Blöcken im Bachbett. Durch einen Fichtenforst weiter, rechts abseits ein sandiger „Tumpf“ und ein Blockfeld. Dann quert der Steig in den Hang, während der Lohnbach über Blockstufen und in Klüften hinabrauscht. Eine Kehre führt zum Rastplatz, gegenüber die „Steinerne Stube“, ein Kluftspalt in einer Blockformation!
Mittels Eisengeländer und Holzstufen geht es steil hinab. Das Wasser ist noch unter Blöcken verborgen, tritt an einer Felsplatte hervor und gischtet in mehreren Ästen über bemooste und mit Farnen bewachsene Blöcke in ein Becken am Auslauf des Falles (ca. 680 m). In dieser 40 m hohen Steilstufe hat sich

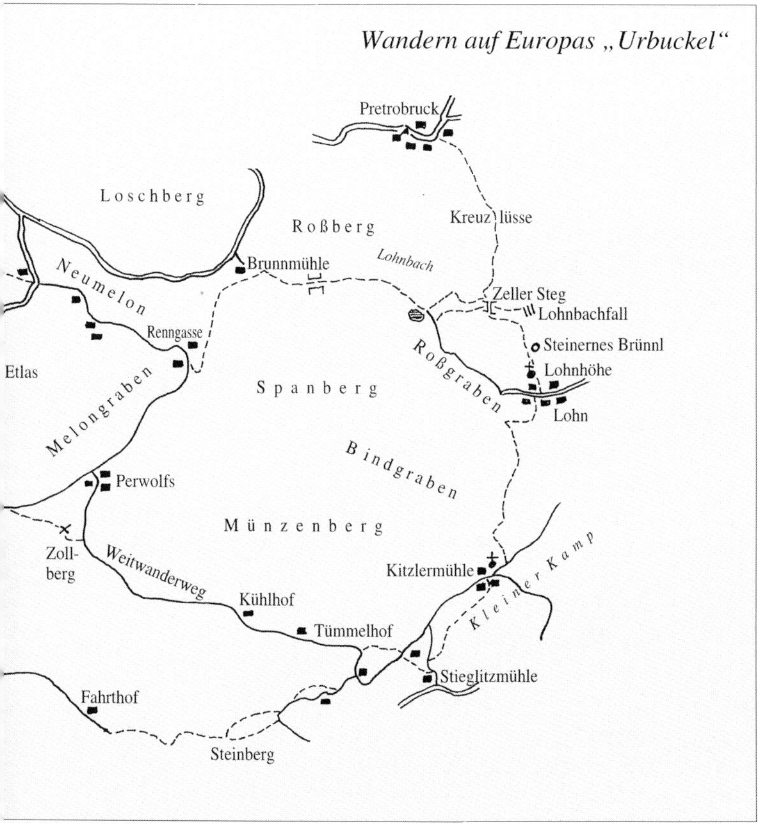

der Niveauunterschied zwischen Hochtalmulde und tieferem Talgrund, der dem nahen Kamplauf entspricht, eindrucksvoll erhalten!

Über den „Zeller Steg“, blau markiert, zum Weg am südlichen Ufer und diesen links entlang, bis er sich in den Wald hinaufwendet. Nun steiler hinan, kurz vor dem Wiesenrand links im Wald das *Steinerne Brünnl*, ein mit einem Kreuz versehener Schalenstein, der immer mit Wasser gefüllt ist (nach der Legende für die Augen heilsames Wasser, bei dessen Versiegen droht eine Hungersnot!). Nun über die Lohnhöhe hinweg (ca. 780 m, sehr hübsche Kapelle) in das Straßendorf *Lohn*.

Kurz rechts und gleich wieder links ansteigend zum südlichen Grabenrand, wo es in den Streifenfluren rechts weiter geht. Von einer Trockenwiese mit vielen Pechnelken herrlicher Ausblick auf das Kleine Kamptal mit Schönbach und Weinsberger Wald! Nach einer Kehre mit Asphalt folgt südwärts ein angenehmer naturbelassener

Hangweg. Beim Waldrand kurzer Rechtsbogen, dann den Wiesenrain bergab zum asphaltierten Güterweg und rechts zur ehemaligen *Kitzlermühle* (die vor 1980 noch erhaltenen Reste eines barocken „Industriezentrums" mit Hammerwerk, Mühle und Sägewerk sind leider verschwunden!).
Um den folgenden, westlich ansteigenden Straßenmarsch zu umgehen, zweigt man beim kleinen Mühlgebäude auf eine Forststraße ab (Schranken), die wunderschön und schon etwas verwachsen ganz bequem den Talgrund des Kleinen Kamp entlang zur *Stieglitzmühle* leitet (ca. 680 m, 1 Std.). Nun auf dem rot markierten Weitwanderweg Nr. 05 + 08 großteils auf Asphaltstraße über den *Münzenberg* nach Altmelon (1 ½ Std.).

Variante Münzenberg – Steinberg – Fahrthof (sehr lohnende und viel interessantere Orientierungswanderung nach Altmelon, unmarkiert und teils durch uriges Gelände, 1 ¾ Std.): Der roten Markierung nach steil hinauf zum unteren Münzenberghof und links unmarkiert auf der Asphaltstraße bis zum nächsten Gehöft. Dort links noch auf Asphalt bis zur Bergecke, wo rechts ein sandiger Fahrweg abzweigt. Dieser durchquert die Mulde oberhalb eines einschichtigen Hauses.
Dann auf Fahrweg in das Waldtal hinab, einen Blockwald entlang zur Linksbiegung. Vor der Betonbrücke zweigt rechts ein alter Karrenweg ab, der am Hang den nächsten unwegsamen Kessel umgeht. Noch lohnender aber über die Brücke, dann gleich rechts auf spärlichen Spuren zu einem Steig, der über dem wild verblockten Bachlauf zu einem Forstweg führt. Dieser zieht am *Steinberg* entlang zum Ende des Kessels, wo Fichtenbach und Galgenbergbach zusammenmünden (ca. 765 m).
Hier überquert eine Furt westlich den Bachlauf. Ein anschließender Karrenweg leitet leicht rechts durch den Schlag zu einem deutlicheren Weg, der an Blöcken mit einer schönen Rotbuche vorbei in den Wald ansteigt. Stets diesem Fahrweg nach im Bogen zur Berghöhe, an einer Sandgrube vorbei und zuletzt auf Asphalt zum *Fahrthof* (ca. 840 m).
Nun leider auf asphaltiertem Güterweg weiter, bei der Gaubitzhofstraße (großer Steinblock) kurz rechts und wieder links noch asphaltiert zu den Häusern am „Kühbichl" (rechts ein origineller Steinblockkeller!). Jetzt schon auf rot markiertem Weg zum Waldrand und über den Galgenberg (920 m, keine alte Richtstätte, diese befindet sich bei Arbesbach) hinweg nach Altmelon (Einkehrmöglichkeit; 1263 Gründung eines Zisterzienserinnen-Klosters durch Heinrich von Kuen-

ring, das wegen der unwirtlichen Lebensbedingungen schon 14 Jahre später nach St. Bernhard bei Horn verlegt wurde!).

In *Altmelon* (880 m) auf der Straße Richtung Purrath abzweigend noch westlich hinan, dann rechts rot markiert ins freie Feld hinaus (Weitwanderweg Nr. 05 + 08). Nach den hübschen, schon im flachen Gipfelniveau auf über 900 m Seehöhe gelegenen Streifenfluren im Wald leicht bergab und zum Hof *Schindleck.* Auf dessen Zufahrtsstraße im Bogen abwärts, dann aber rechts quer über den Talboden des Schönfeldbaches und mit sehr hübschem Rückblick ansteigend zum Hof Oberreith.
Ein schöner Weg führt um den Bergkegel von Buchegg östlich herum, dann folgt ein Waldweg hinab zu einem einsamen Wiesengrund. Hier kurz links am Waldrand entlang, bald aber rechts auf immer noch spärlichem Weg den Feldrain entlang zum Buchegger Güterweg. Auf diesem zur Kreuzung beim Friedhof und durch die Linzer Straße hinein nach *Arbesbach* (1 ¼ Std., ein sehr schöner, auch landschaftlich ansprechender Übergang; Einkehr im Gasthof-Bäckerei-Cafe Kerschbaummayr empfehlenswert, ebenso die Besichtigung der renovierten, betriebsbereiten Hammerschmiede!).

Weitere Wandervorschläge

Kurztouren: Arbesbach – Arbesberg – Altmelon – Schindleck – Arbesbach in 3 Std.
Pretrobruck – Lohnbachfall – Lohnhöhe – Lohn – Güterweg Roßgraben – Lohnbachtal – Brunnmühle – Pretrobruck in 2 ½ Std.

Extremwanderung: Arbesbach – Schloßberg – Arbesberg – Neumelon – Lohnbachfall – Lohn – Kitzlermühle – Stieglitzmühle – Münzenberg – Steinberg – Fahrthof – Galgenberg – Altmelon – Schindleck – Arbesbach in 7 ¼ Std.

Einladung zur Wanderkur

Route „Gross Gerungs“: Groß Gerungs – Fichtner – Griesbach – Klein Wetzles – Kothores – Langschlag, insgesamt 5 Std. (Rückfahrt mit der Bahn), gemütliche Runde mit Einkehrmöglichkeit, großteils markiert und vielfach sonnig (siehe A).

Route „Langschlag“: Langschlag (oder Groß Gerungs) – Kothores – Kleinpertholz – Abspann – (Schanz) – Bruderndorferwald – Langschlag, insgesamt 5 ½ Std., idealer Rundwanderweg der Gemeinde Langschlag, teilweise offenes Gelände, durchgehend sehr gut markiert mit Nr. 51 (siehe B oder C + D).

Empfehlung: Verschiedene Kombinationsmöglichkeiten der Routen und Bahnverbindung zwischen Langschlag und Groß Gerungs ausnützen (siehe „Weitere Wandervorschläge“), nicht bei zu heißem Wetter! Beide Routen auch als Winterwanderungen bestens geeignet!

Einkehr: Gasthof Einfalt in Klein Wetzles, Gasthof Binder „Zur Kampbrücke“ in Schanz, Gasthöfe und Konditoreien in Langschlag und Groß Gerungs.

Karten: Österr. Karte Nr. 18 und 17, Freytag & Berndt WK 111.

Information: Stadtgemeinde 3920 Groß Gerungs, Tel. 02812/611, Gemeindeamt 3921 Langschlag, Tel. 02814/218.

Zufahrt: Über Krems – Gföhl nach Zwettl und Richtung Linz nach Groß Gerungs und Langschlag. Von Linz über Freistadt Richtung Gmünd und in Karlstift abzweigend. Von Gmünd über Weitra und Groß Schönau nach Groß Gerungs.

1983 war für Groß Gerungs das Jahr der Stadterhebung. Bis dahin gehörte es mit Rappottenstein, Schönbach und Arbesbach zu den „Vier Märkten“ im Waldviertler Oberland, hatte aber als Endstation der von Gmünd ausgehenden Schmalspurbahn schon lange besondere Bedeutung.

Etwa gleichzeitig erfolgte auch der Bau des Herz-Kreislauf-Zentrums. Etwas boshaft erzählt man sich seither in der Nachbarschaft, mit der Gründung dieser Kuranstalt wäre die Erhebung zur Stadt nicht mehr zu umgehen gewesen. Wie würde sich das auch sonst anhören – „Kurmarkt“! Könnte das nicht eine Assoziation zu Hörnervieh wecken? Wo doch Groß Gerungs in gar nicht so ferner Vergangenheit für seine Viehmärkte weithin berühmt war ...

Heute setzt man eben mehr auf Gesundheitstourismus. Die Moorheilbäder Großpertholz und Harbach haben diese Chance ja schon zu nützen verstanden. Daneben entwickelt das Waldviertel-Management in Edelhof immer neue Initiativen, etwa die Belebung historischer Wirtschaftsformen. So ist Armschlag (bei Ottenschlag) zum „Mohndorf“ geworden, und in Rastenfeld warten Textilien aus Flachs auf die Liebhaber exklusiver Naturkleidung!

Das Wandern als eine der gesündesten sportlichen Freizeitbetätigungen „läuft“ aber immer noch nur so am Rand mit. Sicherlich gibt es schon allenthalben Rundwanderwege. Warum aber noch kein Manager auf die „Terrainkur“ gekommen ist? Es wäre höchste Zeit, eine „Wanderkur“ zu erfinden: Wandern mit immer weiter gesteigerten Anforderungen und entsprechenden Rasttagen und Erholungszeiten. Eingeschlossen ärztliche Betreuung, Wecken von kreativen Fähigkeiten durch phantasievolle Animation, Entspannungsgymnastik, kulturelle Abwechslung, bodenständige Überraschungserlebnisse. Wo man sich so etwas einfallen läßt, wird auch über ausreichenden Gästezustrom nicht zu klagen sein!

Am Beispiel von Groß Gerungs und Langschlag: Zum Akklimatisieren einige kleine Runden auf den örtlichen Spazierwegen, immerhin sind wir auf etwa 700 m Seehöhe. Bevor auf diesen Wegen tatsächlich gelaufen wird, sollte noch eine ärztliche „Starterlaubnis“ eingeholt werden. Auf Straßenstücken, Steigen und unebenen Wegen geht es hingegen im Wandertempo dahin. Als Trainingsziel könnten die beiden vorgeschlagenen Rundtouren dienen, eventuell unter Einschluß der Schmalspurbahn!

Wer dies als zu wenig anspruchsvoll empfindet, sollte auch die Extremwanderung angehen. Oder die Karte zur Hand und hinein in die Natur – Orientierungslauf ist doch die Königsdisziplin der Geländebewältigung.

Für viele ist es heute schon ein königliches Gefühl, durch einen Urlaub nicht nur erholt, sondern auch so „fit“ geworden zu sein, daß das „Laufen", wie unsere sprachverwandten Nachbarn zum Wandern sagen, noch mehr Spaß macht. Ein bekannter Sportmediziner äußerte vor kurzem, das Laufen könne infolge körperinnerer Vorgänge zu einem Rauschzustand, ja sogar zu einer Sucht werden. Ich finde, es genügt, sich eine Infektion mit dem „Wandervirus" zu holen, bevor man die 54 km auf dem „Vier-Märkte-Weg" angeht …

Routenbeschreibung

A Groß Gerungs – Griesbach – Kothores

Vom Hauptplatz in Groß Gerungs (675 m) die Zwettler Straße entlang und bei der Tankstelle rechts zur „Pletzen". Vom Ende der Siedlung auf dem Viermärkteweg Nr. 612 hinüber nach *Hypolz*. Auf der Straße den Griesbach entlang zur Weißmühle, wo ein bequemer Weg gegen Süden über die Berghöhen zieht. Abwechslungsreiche Landschaft mit Wiesen, Ackerstreifen und Waldstücken! Beim

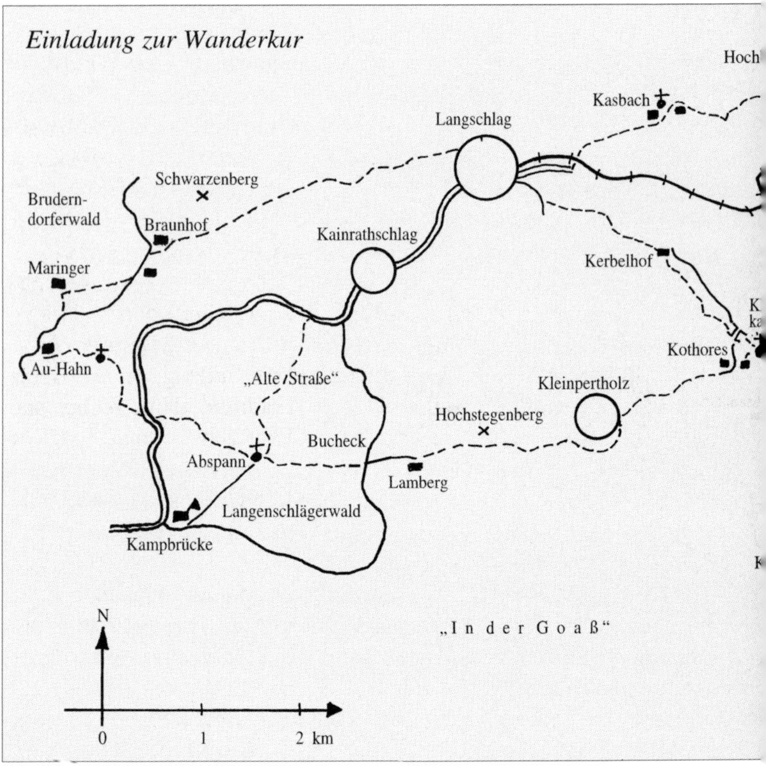

Friesenhof von einem kurzen Asphaltstück gleich wieder rechts abzweigend und immer geradeaus weiter steigend zur Steinsäule auf dem *Fichtner* (ca. 800 m, 1 ¼ Std.).

Von der Wegkreuzung ohne Markierung (diese weicht westlich aus!) fast weglos geradeaus den Wiesenrain entlang, bis in der Waldecke ein Karrenweg von links einmündet. Auf diesem ins Waldgelände, bei Querweg rechts weiter durch einen herrlichen Heidelbeerwald zur Kreuzung mit der Markierung Nr. 613. Hier links hinaus ins freie Gelände, wo ein Fahrweg an einem alten Steinbildstock vorbei nach *Wiesensfeld* führt.

Die Straße rechts 500 m entlang, dann links, rot markiert Nr. 613, den Rücken hinan und später im Wald mit etlichen Steinblöcken hinüber nach *Griesbach*. Noch südlich oberhalb des Ortes bleiben und erst bei Einmündung des Weitwanderweges Nr. 608 + 612 auf der Straße zum Gasthof im Talgrund (ca. 770 m, 1 ¼ Std.).

Kurz auf dem Güterweg „Schönbichl" weiter, nach altem Gehöft bei einer strohgedeckten „Urkeusche" aber der Markierung nach rechts hinauf ins Feldgelände. Bei einem Wäldchen mit Rastbank und schönem Rückblick links abzweigend (schlecht markiert – nicht über die Anhöhe hinweg!) zu dem Weg vom Griesbacher Sportplatz. An Waldstükken mit Blockstufen vorbei zur Straße, die gleich wieder bei einem Eisenkreuz links verlassen wird.

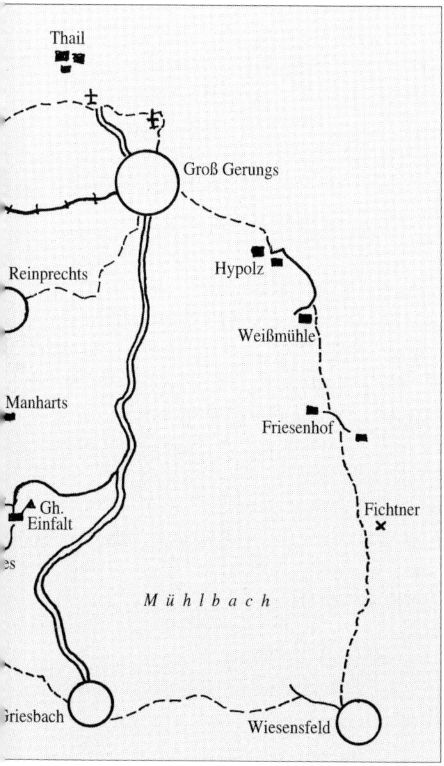

Im folgenden Wald bei deutlicher Markierung auf einen Steig einschwenkend, der durch heideartige Bestände den Rükken entlang zieht. Beim Feldrand dann rechts auf Fahrweg nach *Klein Wetzles* und bei der Kapelle rechts über die Anhöhe mit dem neuen Feuerwehrhaus zum *Gasthof Einfalt* (ca. 820 m, ¾ Std.; Bio-Komfortzimmer und winterliches Langlaufzentrum, zum Mittagessen Voranmeldung günstig, Tel. 02812/320).

Bei der folgenden Kreuzung nur kurz links, dann gleich rechts auf schönem Fahrweg an mit Birken und Föhren bewachsenen Blockhainen vorbei, rechts haltend nach *Manharts* (784 m). Dort links noch kurz auf Asphalt, bei riesigen Blöcken aber rechts auf einen wunderschönen Fahrweg, der durch Heidelbeerwälder mit vielen Granitblöcken gegen das *Zwettltal* hinabzieht. Nach einem Gehöft wird die Zwettlbrücke östlich von *Kothores* erreicht (ca. 700 m, ¾ Std.).

Rückweg nach Groß Gerungs: Auf Weitwanderweg Nr. 608 + 612 in ca. 1 Std. möglich, aber nur bis Klein Reinprechts auf schönem Weg (auf jeden Fall die Klauskapelle besuchen!). Hinweise siehe bei Route C! Besser ist der Weiterweg nach Langschlag.

Anschlußweg nach Langschlag: Über die Zwettlbrücke, die ein gegensätzliches Flußbild zeigt – goldbraun sandig oberhalb und grob verblockt unterhalb der Querung! Links am nördlichen Ufer durch dichten Forst zur *Klauskapelle*, auf einem Steg über die Zwettl und auf Karrenweg aufwärts zum Haus Fraberg Nr. 1 mit „Backofenhäuschen".

Weiter bergan auf Wegspuren am nächsten alten Hof vorbei zum Güterweg in *Kothores*. Nun asphaltiert auf der Straße bergab und vor der Brücke links auf den rot markierten Weg Nr. 51, der nach Langschlag führt (1 ¼ Std., Hinweise siehe bei B). Rückfahrt mit der Schmalspurbahn oder wie bei E in 2 Std. nach Groß Gerungs.

B Langschlag – Kothores

In Langschlag (765 m) beim Hotel-Restaurant „Waldviertlerhof" vorbei die Ortsstraße entlang und beim Wegweiser *„Waldlehrpfad"* rechts auf Asphaltstraße ansteigend ins freie Gelände. Bei der rot markierten Abzweigung Nr. 51 links auf den Güterweg „Kirchensteig", der als Waldlehrpfad ausgebaut entlang des Schloßberges zum *Kerbelhof* führt (auch „Kehrhof" genannt, aus dem 17. Jh. stammender Meierhof mit Ruine des Schüttkastens).

Gegenüber dem Herrenhaus der ehemaligen „Fabrik" rechts abzweigend gleich am Wiesenrand markiert weiter zu einem hübschen Waldweg (im Winter besser auf der Talstraße bleiben!). Dieser leitet, nur von einem unwegsamen Graben kurz unterbrochen, zur Kothores-Straße (716 m, ¾ Std.).

Hier auf der Brücke über die Zwettl und auf Weg Nr. 36 rechts am Wiesenrand und durch den Wald zur *Klauskapelle*: Sehr stimmungsvolle Lage unter einer Felswand, daneben eine „Stelzenfichte" und das wild verblockte Bachbett. Nicht auf das „Wunschglöcklein" ver-

gessen, denn ein beim Läuten gedachter Wunsch soll in Erfüllung gehen!
Über den Steg ans westliche Ufer und auf Karrenweg ansteigend zum Haus Fraberg Nr. 1 mit einem daneben frei stehenden Backofen von 1848 (früher wie die „Harstubn" wegen der Feuersgefahr abseits der Häuser errichtet und nur mehr sehr selten erhalten, hier bis um 1950 noch zum Brotbacken verwendet!). Auf Wegspuren ansteigend zur Straße bei den Häusern von Kothores (ca. 760 m, 20 Min.).

C Groß Gerungs – Kothores

Vom Hauptplatz in Groß Gerungs auf der Linzer Straße zur Abzweigung des Weitwanderweges Nr. 608 + 612, dort links durch die Seitengasse ansteigend und über die Bahn hinaus ins freie Gelände. Nun auf Karrenweg durch die Mulde hinauf zur Asphaltstraße und auf dieser, an Feuchtwiesen vorbei, über die Waldhöhe hinweg nach *Klein Reinprechts* (ca. 720 m, 3/4 Std.).
Klein Reinprechts ist ein Dorf mit interessanten Altbauresten! Gleich bei der Ortstafel ein durch Föhren etwas verdeckter alter Granitbildstock. Im Ort links am Wiesenhang das schön renovierte „Halterhäusl" (früher vom Viehhüter bewohnt) mit Strohdach und einem dahinter frei stehenden Backofen (noch betriebsbereit und gut zu besichtigen!). An der Abzweigung ist im Bauernhof ein „Körnerkasten" (Speicherbau mit Schlitzfenstern) erhalten!
Beim dunkelrosa gefärbelten Haus Nr. 5 (daneben das Gehöft des Ortsvorstehers!) hinauf auf einen Feldweg, der recht idyllisch durch die Mulde weiterführt und durch ein Wäldchen den Talfahrweg erreicht. Auf diesem zur Zwettlbrücke und wie bei A (Anschlußweg nach Langschlag, siehe auch die Hinweise bei B) zur *Klauskapelle* und hinauf zu den Häusern von *Kothores* (1/2 Std., Anschluß an D).

D Kothores – Langschlägerwald – Langschlag

Von den Kothoreshäusern auf einem Fahrweg den Rücken hinan und im freien Gelände über einen Sattel mit schönem Blick auf das Dorf nach *Kleinpertholz* hinab (ca. 820 m, wie die gesamte Runde rot mit Nr. 51 markiert). Gleich bei den ersten Häusern links hinauf in eine Hochmulde mit schönem Ausblick und bizarren Blöcken. Diese Flächen setzen sich auf der Kammhöhe fort, die der Weg mit kleiner Biegung überquert und bei einem Bildstock den *Hochstegenberg* erreicht (ca. 900 m).

Dann etwas bergab, zuletzt durch eine Lärchenallee zum Hof Lamberg und asphaltiert zur Straße in *Bucheck* (899 m, 1 ½ Std.). Gleich gegenüber, immer noch auf Asphalt, weiter bis zum Beginn des Abspann-Güterweges. Dort den rechten Waldrand entlang, auf der Wiese neben dem zugewachsenen Weg weiter und wieder zum Güterweg. Dieser führt im Bogen mit Einmündung der alten Straße zur Hubertuskapelle am *Abspannberg* (962 m, 20 Min.; bereits im 16. Jh. als „Linzerstraße" angelegter wichtiger Handelsweg!).
Man kann nun zum Gasthof an der Kampbrücke absteigen (siehe Variante) oder dem markierten Weg weiter folgen: In dem auf stimmungsvolle Waldränder folgenden geschlossenen Wald bei der ersten Verzweigung geradeaus und bei der nächsten (nach einer Lichtung) auf dem rechten alten Weg zu einer breiten Forststraße. Diese führt, bald mit Blick zur Brockenwarte bei Liebenau, bergab zum Sattel der neuen Abspannstraße (25 Min.).

> *Variante zur Kampbrücke* (wegen der guten Einkehrmöglichkeit empfehlenswert, allerdings 1 km Straßenmarsch):
> Von der Abspannkapelle auf der „Alten Straße" durch den Langschlägerwald (erst Anfang des 18. Jh. durch Holzfäller besiedelt!) südwestlich bergab in ¼ Std. zum Gasthof Binder an der Brücke über den Großen Kamp (866 m). Von dort auf der wenig befahrenen Asphaltstraße zum Sattel mit der Markierung (ca. 895 m, ¼ Std.).

Auf einer Forststraße westlich rot markiert im dichten Wald weiter, bei Gabelung rechts leicht steigend und bald hinaus auf eine Lichtung mit prachtvoller Blockburg. An einem verfallenden Gehöft links vorbei (dichter Bestand von Riesen-Bärenklau, bei der Kapelle eine ungewöhnlich mächtige Esche). Beim folgenden Haus hält man sich links am Wald entlang, später im Jungforst Rechtsbogen, über Lichtungen und scharf links zu den ebenen Wiesen von *Bruderndorferwald*. Über die Wiese nordwärts abkürzend oder im Linksbogen beim Hof Au-Hahn vorbei zur Straße, der man rechts folgt.
Bei der Waldecke gerade durch den Hochwald in die Bachmulde hinab und unterhalb vom Gehöft Maringer rechts weiter wieder zur Straße. Auf dieser mit freiem Ausblick, an der ehemaligen Volksschule Siebenhöf vorbei, bis vor den *Braunhof* (865 m, 1 Std., oberhalb im Weidegelände große Blockformen!).
Über den Hang schräg rechts hinan erreicht die Markierung den Wald am Schwarzenberg und führt an dessen Lichtungen entlang zu einem querenden Güterweg. Vom nächsten freien Rücken herrlicher Ausblick über Kainrathschlag gegen Abspann- und Hochstegenberg. Im nächsten Wald links haltend und einen Feldrain etwas unwegsam entlang zu einem Bildstock mit Rastbank.

Geradeaus zu einem Waldweg, der zügig zum Sportplatz von *Langschlag* hinableitet. Über die Zwettl und die Bahn zum Parkplatz beim Bahnhof (Einkehrmöglichkeit in der Konditorei Einfalt) oder vorher rechts an der Kirche vorbei ins Ortszentrum mit dem „Waldviertlerhof“ (1 Std.).

E Langschlag – Hochberg – Groß Gerungs

Streckenwanderung auf dem Weitwanderweg Nr. 608, die mit C und B zu einer sehr lohnenden Rundtour von 4 ½ Std. verbunden werden kann (oder Rückfahrt mit der Bahn).
In Langschlag auf der Hauptstraße Richtung Groß Gerungs und außerhalb des Ortes links über die Bahn. Durch die Wiesenmulde und einen Wald hinan, dann durch freies Gelände nach *Kasbach* (Glockenturm neben der Kapelle!). Gegenüber neben einem rosa gestrichenen Haus hinauf zur Anhöhe und durch recht hübsches Wald- und Wiesengelände am *Hochberg* vorbei (ca. 810 m, Umrundung des dicht bewaldeten Massivs wenig sinnvoll!).
Außerhalb der Wälder beginnt die Asphaltstrecke, auf der es mit schönem Ausblick bergab zur Straße südlich von Thail geht (auffallende Wegsäule!). In kurzem Straßenmarsch nach Groß Gerungs (1 ¾ Std.) oder kurz links und bei Wegweiser „*Opferstein*“ über die Anhöhe weiter. Der Karrenweg führt unter einigen Waldkogeln mit bemerkenswerten Blockbildungen, allerdings mehrmals überackert, zu einem Sattel. Dort rechts bei einer Lärche mit Dreifaltigkeitssäule hinab in die Mulde und ansteigend zur Straße nach Groß Gerungs (zusätzlich 20 Min.).

Weitere Wandervorschläge

Kurztouren:	Groß Gerungs – Schmalspurbahn – Langschlag – Kothores – Groß Gerungs in 2 ½ Std. (siehe B + Rückweg A). Langschlag – Hochberg – Groß Gerungs – Kothores – Langschlag in 4 ½ Std. (siehe E + C + Anschlußweg A).
Extremwanderung:	Groß Gerungs – Fichtner – Griesbach – Klein Wetzles – Kothores – Kleinpertholz – Abspann – Kampbrücke – Bruderndorferwald – Langschlag – Groß Gerungs in 10 ½ Std. (bei Bahnbenützung 8 ½ Std., siehe A + D + E).

Über den Waldviertler Semmering

Route:	Großpertholz – Naturpark – Reichenau – Binderhof – Bruderndorf – Langschlag, insgesamt 4 ½ Std., landschaftlich vielfältige Streckenwanderung, großteils markiert, mit mehreren Varianten (von Bruderndorf zurück nach Großpertholz).
Empfehlung:	Rückfahrt mit Bahn oder Rundwanderung von Großpertholz aus mit 6 Std. oder von Langschlag aus mit 4 Std., Rundweg durch den Naturpark „Nordwald“ als eigene kleine Wanderung unternehmen!
Einkehr:	Nur in Langschlag (Proviant und Getränke mitnehmen, Gasthaus in Bruderndorf derzeit gesperrt).
Karten:	Österr. Karte Nr. 17 und 18, Freytag & Berndt WK 111.
Information:	Gemeindeamt 3972 Bad Großpertholz, Tel. 02857/22 53, Gemeindeamt 3921 Langschlag, Tel. 02814/218.
Zufahrt:	Nach Großpertholz von Wien über Horn – Gmünd – Weitra, von Linz über Freistadt, von St. Pölten über Krems – Zwettl – Groß Gerungs und Langschlag.

Mit der ersten Gebirgsbahn der Welt wurde der Semmering zum Symbol für die Bewältigung der Natur durch einen Verkehrsweg. Daher findet man einen „Semmering“ an der Mariazeller Wallfahrerstraße im Wienerwald ebenso wie im hohen Waldviertel zwischen Großpertholz und Langschlag. Diese Wortübertragung zeigt zugleich, wie sehr das menschliche Leben von der Mobilität geprägt wird! Aus diesem Grund haben sich auch die Einführung der Eisenbahn im 19. Jahrhundert und die Massenmotorisierung der letzten Jahrzehnte auf das Alltagsleben einschneidender ausgewirkt als viele andere Neuerungen. Erst recht in einem so abgelegenen Gebiet wie dem Waldviertel.

Die Beschwerlichkeit des Lebens in der „guten alten Zeit“ läßt sich heute nur mehr erahnen: Vom Einschichthof den „Kirchensteig“ oder Schulweg ins nächste Dorf (glücklich, wer dafür weniger als eine Stunde brauchte!). Der Besuch des nächsten Marktes oder gar der Ämter in der Bezirkshauptstadt schon eine Tagereise oder mehr. Viele Menschen kamen in die Fremde nur, wenn sie als Mädchen „in den Dienst“ gingen oder als Handwerksburschen „auf der Walz“ waren. Oder auf einer Wallfahrt, wobei Mariazell damals so weit entfernt war wie heute ein ferner Kontinent!
Was das Land hervorbrachte, Holz aus den unerschöpflichen, das Kulturland bedrängenden Wäldern, Glaserzeugnisse aus den einsamen Waldhütten, Vieh und Feldfrüchte – alles mußte im Pferdefuhrwerk oder auf eigenen Füßen dorthin befördert werden, wo es Kaufwert hatte.
1871 wurde die Franz-Josefs-Bahn von Wien nach Prag eröffnet. Abseits der Hauptstrecke aber hatte der Fortschritt eine langsamere Gangart! So wurde Horn erst 1889 durch die Kamptalbahn angeschlossen. Hier im abgelegenen Hochland dauerte es noch bis 1903, aber dann fuhr das Dampfroß auch von Gmünd durch das Lainsitztal, über den „Waldviertler Semmering“ nach Langschlag und – noch einen flachen Sattel bewältigend – zur Endstation Groß Gerungs.
Um 1900 fuhren auch schon die ersten Automobile durch das Waldviertel. Doch der Fußmarsch zur nächsten Bahnstation, später zur Autobus-Haltestelle, blieb durch Jahrzehnte weiterhin notwendig. Die Motorisierung zerschlug hingegen nach 1950 in wenigen Jahren die alten Strukturen, brachte Fremde ins Dorf, führte Arbeiter und Schüler hinaus in die Stadt. In weiten Teilen des Waldviertels ist man auf den Individualverkehr angewiesen, denn die öffentlichen Verkehrsmittel beschränken sich meist auf die Schul- und Arbeitstage.
Die Bahnstrecke über den „Waldviertler Semmering“ hat zur gleichen Zeit wieder eine größere Beliebtheit erlangt – aber nur für Vergnügungsfahrten zum Wochenende oder in der Urlaubszeit! Zur Arbeit oder zum Einkaufen steigt jeder lieber ins schnellere und bequemere Auto. Ob damit das Schicksal auch dieser Nebenbahn bereits entschieden ist? Wird das öffentliche Interesse an ihrer Erhaltung groß genug sein, und vertragen Landes- wie Gemeindekassen die nun geforderten Zuschüsse an die „Neue Bahn“? Oder wird sie zu einem Museumsbetrieb?
Zur Bahn ein kurioses Detail am Rande: Als die Honoratioren anno 1903 die Eröffnung ihrer Bahn feierten, gaben sie auch der Hoffnung Ausdruck, es möge für einen regelmäßigen Anschluß zu den Schnellzügen der Franz-Josefs-Bahn Sorge getragen werden!

Worauf der zuständige „Landrat" meinte, vielleicht könnte man hiezu von Weitra nach Gmünd – eine Verbindung mittels Autotaxi herstellen …
Für meinen Wandervorschlag von Großpertholz durch den Naturpark „Nordwald" hinüber nach Langschlag ist die Rückfahrt mit der „Waldviertler Semmeringbahn" natürlich ein richtiges Zuckerl! Aber – sicher ist sicher – der Rückweg von Bruderndorf zu Fuß entlang der romantischen Bahnstrecke ist als Variante ebenfalls schon vorgesehen.

Routenbeschreibung

A Bad Großpertholz – Binderhof – Bruderndorf

Im Ortsgebiet von Großpertholz zur oberen Straßenkreuzung und links abzweigend Richtung Scheiben bis zum Haus Nr. 29. Dort rechts auf Wiesenweg mit schönem Ausblick zur Anhöhe und vom rot markierten Weg Nr. 83 links abzweigend hinauf in das leider vielfach zugeforstete Heidegelände mit dem *Bettelweibstein* und anderen schönen Blockgruppen. Ein Karrenweg führt weiter zu den Kitzlerhäusern, wo man gleich rechts durch den Hochwald zum *Aussichtsturm* im Naturpark „Nordwald" ansteigt (ca. 830 m, 3/4 Std.). Auf dem gegenüber bergab führenden Steig Richtung „Parkplatz Scheiben" bis zu einem Querweg. Diesem rechts mit Nr. 81 ziemlich eben folgend zu einer Lichtung auf der Berghöhe mit Wegkreuzung und links zu einem historisch interessanten Bildbaum (1858/1866). Links wendend an einer weiteren Andachtsstätte vorbei durch den Wald hinab nach *Reichenau am Freiwald* (ca. 820 m, 1/2 Std.).

> *Varianten durch den Naturpark:* Rückweg nach Großpertholz – in Reichenau auf der Straße kurz links und dann rechts abzweigend auf Weg Nr. 81 über „Eckerasch" zurück nach Scheiben, 1 Std.
> Rundweg – auf der Berghöhe von Weg Nr. 81 rechts abzweigend auf Nr. 88 und 82 um den Schwarzenberg herum zu den Kitzlerhäusern, zum Parkplatz Scheiben, und Spaziergang durch das Naturparkgelände. Dann auf der Straße nach Großpertholz, gesamte Runde 2 1/2 Stunden.

Auf Asphalt im Bogen nach rechts hinauf zur Kapelle in *Reichenau* (852 m). Dort schräg links einen Fahrweg hinan und auf Forststraße,

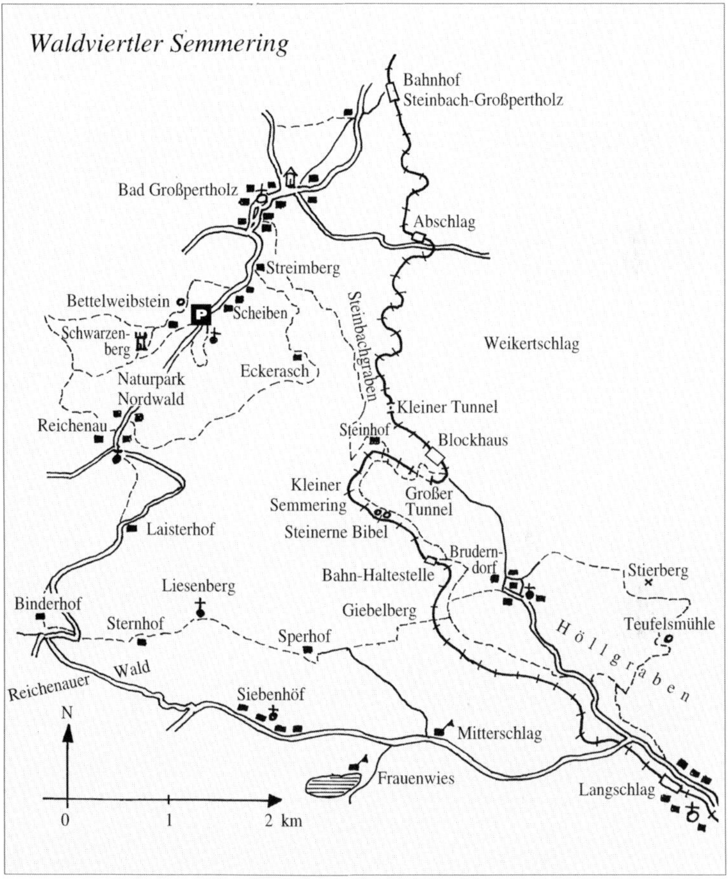

unmarkiert, über die Waldhöhe zur Reichenauerwald-Straße beim Laisterhof. Diese rechts entlang, bald wieder ohne Asphalt ins Waldgelände mit Querung des Kuckucksbaches. Kurz danach auf schwachem Waldsteig mit Nr. 52 rechts abzweigend und steil hinauf, dann im Rechtsbogen (Markierung kaum vorhanden) zum *Binderhof* (1000 m, 3/4 Std.; höchstgelegener Bauernhof im Waldviertel, Aussicht zur Brockenwarte bei Liebenau, unterhalb bei der Kapelle angenehme Rastbank!).

Auf Wiesenweg zur Kehre der Reichenauerwald-Straße (man kann bis hieher auch auf der Straße bleiben!) und geradeaus auf Karrenweg, rot markiert, zum Waldrand. Hier links unmarkiert durch den Hochwald hinunter zum ehemaligen Sternhof (in Landhaus umgebaut), links herum zu einer Forststraße. Auf der eben weiterführenden Privatstraße im geschlossenen Wald um den *Liesenberg* herum zur Hubertuskapelle und der Lichtung beim ehemaligen Liesenhof.

Geradeaus über die Waldhöhe hinweg stets auf Forstweg in freies Gelände und links weiter bergab zum *Sperhof* (ca. 890 m). Von der folgenden Asphaltstraße weg, am Waldrand geradeaus entlang und nach querendem Karrenweg noch immer geradeaus zwischen Strauchzeilen weiter. Erst bei der Wiese vor einer sperrenden Fichtenkultur links zur Waldecke, wo ein alter, bald besserer Waldweg hinunter quert (einzige heikle Wegstelle!). Am folgenden Wiesenrain entlang zur Bahnübersetzung und auf Fahrweg zur Kreuzung mit der Weitwanderweg-Markierung Nr. 608 westlich von *Bruderndorf* (ca. 800 m, 1 ½ Std.).

Rückweg nach Großpertholz: Links haltend zur Haltestelle und mit der Schmalspurbahn nach Steinbach/Großpertholz (½ Std. Fußmarsch in den Ort). Wanderweg – vor der Haltestelle beim „Wasserscheidenstein" auf den Weitwanderweg Nr. 608, der über den Kleinen Semmering (siehe „Wanderweg über den Kleinen Semmering" bei B) zum Steinhof, durch den Steinbachgraben hinaus und über den Streimberg ansteigend nach Großpertholz führt, rot markiert, 1 ½ bis 2 Std.

B Bruderndorf – Langschlag

Vom Kreuzungspunkt westlich Bruderndorf rechts (südlich), rot markiert Nr. 608, an Bruderndorf vorbei durch die Mulde des obersten Elexenbaches und zur Bruderndorfer Straße. Diese wird kurz danach scharf links verlassen, nach der folgenden Berghöhe wieder rechts abzweigend zum Bergrand. Dort führt der Weg im Wald schräg bergab nach *Langschlag* (765 m, 1 Std.; Konditorei beim Bahnhof, zum Restaurant „Waldviertlerhof" an der Kirche vorbei in 10 Min.).

Rückfahrt mit der „Waldviertler Semmeringbahn": Sehr romantische Bahnstrecke über die 806 m hohe Wasserscheide zwischen Zwettlbach (Richtung Donau – Schwarzes Meer) und Lainsitz (Richtung Elbe – Nordsee) hinweg mit zwei Tunnels (siehe auch folgende Variante) und gewundener Hangtrasse über dem Steinbachgraben. Fahrzeit bis Steinbach/Großpertholz ca. ½ Std., zwischen 9. 4. und 26. 10. zum Wochenende auch mit Dampflokomotiven! Vom Bahnhof nach Steinbach zur Straßenkreuzung beim Gasthof Winter und rechts abzweigend auf der alten Straße bergauf in ½ Std. nach Bad Großpertholz.

Wanderweg über den „Kleinen Semmering" und den Stierberg nach Langschlag (durchwegs markiert, sehr lohnend, 3 Std.): Vom Kreuzungspunkt westlich von Bruderndorf (siehe bei A) links (nördlich) Richtung Haltestelle und beim *Wasserscheidenstein* (schöner Rastplatz) rechts abzweigen. Der folgende „Kroatenweg" führt durch den Wandhang der stark verblockten Sonnleiten zu einer sagenumwobenen Felsgruppe mit schöner Aussicht – „Steinerne Bibel" (zur Reformationszeit soll der Papst an Martin Luther eine Bibel geschickt haben, die dieser jedoch verwarf, worauf sie versteinert hier liegenblieb).
Immer oberhalb der Bahnstrecke weiter, ein Stück auf hübschem Waldsteig abseits des Fahrweges, zur Bahnübersetzung (Abzweigung Richtung Großpertholz). Dort leitet rechts der etwas verwinkelte, aber gut markierte Weg Nr. 55 weiter und überquert dabei nach scharfem Linksbogen bergab den 262 m langen *Großen Bruderndorfer Tunnel* (Portale abseits des Weges). Beim Kleinen Tunnel wird die Bedarfshaltestelle „Blockhaus" erreicht (schöner Fotoplatz, Wassernahmestelle im Dampfbetrieb bei der Bergfahrt!). Nun auf Fahrweg ansteigend hinaus nach *Bruderndorf* (777 m, knapp 1 ½ Std.; Auskunft wegen Gasthaus bei Gemeinde Langschlag).
Man kann nun auch auf der Straße bleibend den Weitwanderweg nach Langschlag erreichen (Zeitersparnis fast 1 Std.). Viel schöner ist jedoch der Weg über den Stierberg: Am Ortsrand gleich links kurz die Straße entlang und, rot markiert Nr. 55, auf einem rechts abzweigenden Fahrweg in eine hochgelegene Mulde mit schönem Ausblick (ca. 800 m, im Norden ein Gehöft mit Gänsezucht). Im heideartigen Wald scharf rechts am *Stierberg* vorbei zu einer Asphaltstraße im freien Gelände, die bei einer Birkengruppe (Achtung!) rechts verlassen wird.
Nun führen Feldwege durch die Streifenfluren zum Waldrand, und von einer weiteren Birkengruppe steigt der Weg durch einen Wald mit schönen Felsblöcken und Heidelbeerböden zur zerklüfteten Felsformation der *Teufelsmühle* ab. Mit einem Linksbogen im finsteren Höllgraben den Elexenbach übersetzend und hinauf zum Fahrweg, auf dem kurz rechts der Weitwanderweg Nr. 608 erreicht wird. Links zum Bergrand und schräg die Waldhänge bergab nach *Langschlag* zur Konditorei beim Bahnhof (ca. 750 m, 1 ½ bis 2 Std.).

Weitere Wandervorschläge

KURZTOUREN:	Großpertholz – Naturpark – Aussichtsturm – Reichenau – Eckerasch – Scheiben – Großpertholz in 2 ¼ Std. Rundweg im Naturpark „Nordwald" in 2 ½ Std. Langschlag – Stierberg – Bruderndorf – Kleiner Semmering – Bruderndorf – Weitwanderweg – Langschlag in 4 Std.
EXTREMWANDERUNG:	Großpertholz – Naturpark – Binderhof – Liesenberg – Bruderndorf – Kleiner Semmering – Bruderndorf – Stierberg – Teufelsmühle – Langschlag in 7 ½ Std.

Die Weitwander-Schnuppertour

ROUTE:	Großpertholz (Bahnhof Steinbach) – Harmannschlag – Nebelstein – Waldhäuser – Wultschau – Gabrielental – Weitra, einfache Berg- und Streckenwanderung auf markierten Wegen, insgesamt 6 Std.
EMPFEHLUNG:	Bahn- oder Busbenützung zwischen Weitra und Steinbach/Großpertholz. Nur bei kühlem Wetter begehen!
EINKEHR:	Nebelsteinhütte (bewirtschaftet Ostern bis Allerheiligen), Gasthof Holzmühle bei Harbach.
KARTEN:	Österr. Karte Nr. 17 und 18, Freytag & Berndt WK 111.
INFORMATION:	Gemeindeämter 3972 Bad Großpertholz, Tel. 02857/22 53, und 3970 Moorbad-Harbach, Tel. 02858/52 14, Stadtamt 3970 Weitra, Tel. 02856/23 78.
ZUFAHRT:	Von Linz über Freistadt nach Großpertholz. Von Wien über Gmünd nach Weitra. Schmalspurbahn Weitra – Steinbach (½ Std. Fußweg nach Großpertholz), Bundesbus Weitra – Großpertholz.

„Nebelstein“ klingt geheimnisvoll, nach wallenden Nebeln und gespenstisch aufragenden Riesenblöcken, um die sich alte Sagen ranken. Ambitionierte Wanderer aber wissen – auf diesem 1017 m hohen Gipfel hat vor drei Jahrzehnten die Geburtsstunde des Weitwanderns geschlagen. Einer der Geburtshelfer war der Bildhauer Carl Hermann aus Gmünd. Mit seinem Wahlspruch „Der Weg ist das Ziel!“ wurde der Südweg-Hermann, wie er sich selbst nannte, zu einer Kultfigur für die Anhänger dieser neuen, genauer gesagt – neu organisierten Wanderdisziplin.

Neben diesem Vater des Weitwanderns haben selbstverständlich noch viele verdienstvolle Leute Anteil an dieser Bewegung. Ihre Namen bleiben nur einem engeren Vereins- oder Freundeskreis in Erinnerung. An diese Funktionäre sollte man bei der Begehung dieser meist hervorragend markierten Weitwanderungen aber vor allem denken! Denn auf dem Nebelstein etwa kreuzen sich inzwischen sechs große Weitwanderrouten – also Achtung! Die ersten Schritte in die falsche Richtung können schließlich statt in Mariazell auch in Rosenburg enden … Ohne Übertreibung kann wohl behauptet werden: Erst die Weitwanderer haben das Waldviertel als Wanderparadies bekannt gemacht.

Noch in anderer Hinsicht ist das Gebiet um den Nebelstein „Pionierland“. In Großpertholz hat 1965 durch das „erste amtlich anerkannte Heilmoor Niederösterreichs“ ein Kurbetrieb begonnen, der mit dem nahen Moorbad Harbach für den Waldviertler Fremdenverkehr größte Bedeutung hat.

Schon seit 1971 gibt es in Großpertholz, das durch die vielen Denkmäler der Volksfrömmigkeit wie ein „Bildstockwinkel“ wirkt, auch den Naturpark „Nordwald“. Leider muß der Wanderer beobachten, daß trotz des damit verbundenen Naturschutzes seither viele idyllische Waldlichtungen „zugeforstet“ wurden, was ja auch einen Eingriff in die ursprüngliche, hier eben vor Jahrhunderten gerodete und kultivierte Natur bedeutet. Einen Vorgeschmack auf die dadurch ausgelösten Veränderungen des Landschaftsbildes bietet etwa der Weg zum „Bruder Konrad“. Die schönen alten Waldwiesen wären mir mindestens ebenso heilig wie die vielen lieblichen Bildstöcke, auch wenn sie sich als verwilderte „Biotope“ präsentieren!

Unsere Streckenwanderung von Bad Großpertholz nach Weitra vermittelt einen Vorgeschmack auf eine größere Weitwanderung. Mit Höhepunkten der vielfältigen Landschaft im Lainsitztal und am Nebelstein, aber auch mit „Durststrecken“, wie sie für jeden Weitwanderweg typisch sind.

Das liebliche Gabrielental, auch ein besonders empfehlenswerter Spaziergang von Weitra, beschließt diesen langen Wandertag, der trotzdem das Gefühl des Weitwanderns nicht völlig vermitteln kann, nämlich loszumarschieren und zu wissen, das Ziel liegt noch Tage weit entfernt. Angewiesen sein auf die eigene Kraft und auf die im Rucksack mitgetragene allernötigste Ausrüstung. Somit fühlbar eingeschränkt, aber doch auch wieder frei von all dem im Alltag unentbehrlich Erscheinenden. Dazu noch die Spannung – wie wird das Wetter, wo wird genächtigt … Ein Hauch von Abenteuer in unserer geregelten, durchorganisierten Alltagswelt, so ist das Weitwandern!

Routenbeschreibung

In *Bad Großpertholz* (714 m) gegenüber dem Kurhaus nach Wegweisern zum Schalenstein „Liebfrauensitz" und dem Bildbaum „Bruder Konrad". Dann unbezeichnet auf dem deutlichen Weg weiter, nach einer Wiesenmulde einen Wald geradeaus durchquerend und vor dem Graben rechts hinab zur *Papiermühle* (vor 200 Jahren begründet, noch immer Erzeugung von Spezialpapieren, Besichtigungsmöglichkeit).

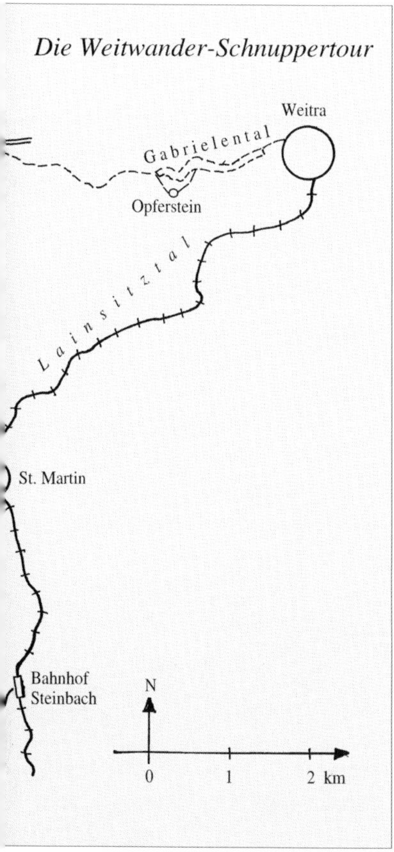

Hierher auch vom Bahnhof Steinbach auf Weg Nr. 70 – beim Gasthof Winter von der Hauptstraße auf dem rechten der beiden markierten Wege abzweigend und nach halber Strecke auf der Straße neben der idyllischen Lainsitz weiter (jeder Weg 30 bis 40 Min.).

Auf dem Fahrweg bis zum Holzlaßhof, über die Wiese zum Lainsitzsteg (ca. 635 m) und rechts von der Lichtleitung auf steilem Waldsteig zum Hof *Breitenberg*. Bei der Straßenquerung gleich leicht links in den Wald hinauf, im Fichtenforst links querend, vor einer Birkenlichtung rechts hinan zu einem Hochwaldrand und im

Bogen zu den prächtigen *Häusleckwiesen* (etwas spärlich rot Nr. 70 markiert). Nun auf Fahrweg mit schöner Aussicht um den Rücken herum nach *Harmannschlag* (740 m, 3/4 Std.).
Beim Kaufhaus rechts abzweigend an der Ortschaft östlich vorbei zum Straßensattel, gleich gegenüber den Waldrand der *Rörndlwies* entlang und zu einer Forststraße mit Weitwanderweg-Markierung Nr. 620. Auf dieser zur Kreuzung vor dem Gipfelkegel, kurz links und auf Steig steil hinauf zum *Nebelstein* mit der Schutzhütte (1017 m, 1 1/4 Std., schöner Ausblick vom Gipfelfelsen).

> Möglichkeit zum *Rückweg nach Großpertholz*: Auf dem gut markierten Weitwanderweg Nr. 608 über Althütten – Friedental – Angelbach in 3 Std. Von Angelbach durch den Osanggraben und die Bärenlucken zur Bundesstraße ansteigend, kann auch der Naturpark in Scheiben angeschlossen werden (zusätzlich 1 1/2 Std., Weg Nr. 82, siehe Seite 106).

Abstieg von der Nebelsteinhütte auf dem Fahrweg, beim Schranken rechts auf Weg Nr. 10 abzweigend und durch den Wald hinab zum Beginn der Lichtungen bei Hirschenwies mit Blick zum Mandlstein. Bei der nächsten Kreuzung (809 m) entweder auf Asphalt weiter oder rechts an Einzelhaus vorbei (viel schöner, aber: Achtung – Privatgrundstück!) auf einem Karrenweg teilweise im Wald hinab zu den *Waldhäusern* (ca. 720 m). Hier rechts auf Asphalt weiter zum links abzweigenden Höhbergweg Nr. 10, der großteils asphaltiert, streckenweise aber mit Grünstreifen zum Gasthof *Holzmühle* führt (1 Std., Badeteich!).
Am Schafgehege mit Teich vorbei weiter zur Harbacher Straße und auf dieser zur Abzweigung bei der *Steinernen Frau* (Hinweistafel, Informationshütte zum Lebensraum Wasser und Rastplatz). Über zwei Brücken zu dem vom Kurhaus Harbach kommenden Weg Nr. 5 und den Wultschaubach entlang nach *Wultschau* (631 m, 1/2 Std.). Es folgt eine Viertelstunde auf der Straße durch den Ort, erst am folgenden Waldanstieg rechts abzweigend zur letzten und schönsten Wegstrecke!
Auf unübersichtlichen, aber gut mit Nr. 608 + 630 rot markierten, wunderschönen Waldwegen durch den Hinteren Hartwald hinab zum reizvoll verblockten Wultschaubach. Über eine Wiese und wieder den Waldbach entlang zur alten Wegsäule am Eingang zum *Gabrielental*. Hier über die Brücke (Wegweiser zum Opferstein) und neben einer aufgeforsteten Lichtung zur Lainsitzmündung mit Stauwehr. Die folgende Promenade durch den 1843 nach der Landgräfin Gabriele Fürstenberg benannten Naturpark ist einfach bezaubernd – herrlicher uralter Baumbestand, die idyllisch dahinrieselnde

Lainsitz und neben anderen Denkmälern ein Gedenkstein an den Hochzeitstag von Franz Joseph und Elisabeth!
Erst beim Blick zur Stadtpfarrkirche von Weitra links über die Brükke zur Kneippanlage, nochmals ein felsiges Ufer entlang und durch die Spitalgasse zum Bürgerspital mit der Heiliggeist-Kirche im *Ledertal*. Aus dieser mittelalterlichen „Industrievorstadt" von Weitra nach der Lainsitzbrücke auf einem Abkürzungsweg („Auf der Stiege") hinauf zur Unteren Landstraße, über die der von malerischen, historischen Hausfassaden geprägte Stadtplatz in *Weitra* erreicht wird (ca. 570 m, 1 ½ Std.). Durch das (wie die ganze Stadt) anläßlich der Landesausstellung renovierte Obere Stadttor und über die Bundesstraße zur Bahnhofstraße, die linker Hand begleitet von schönen Gebäuden der Gründerzeit (u. a. Villa Amalia von 1902) zum Bahnhof leitet.

Weitere Wandervorschläge

KURZTOUREN: Großpertholz – Papiermühle – Harmannschlag – Angelbach – Großpertholz, 2 ½ Std.
Harmannschlag – Rörndlwies – Nebelstein – Althütten – Harmannschlag, 2 ¼ Std.
Weitra/Ledertal – Spitalgasse – Gabrielental Weg Nr. 630 – alte Wegsäule – Opferstein – Lainsitzpromenade – Fischersteig – Ledertal, 2 Std. (siehe Skizze Seite 121).

EXTREMWANDERUNG: Großpertholz – Naturpark – Angelbach – Harmannschlag – Nebelstein – Wultschau – Weitra, 7 bis 8 Std.

Auf den Spuren der Kuenringer

Route:	Weitra (Bahnfahrt) – St. Martin – Sulz – Walterschlag – Johannesberg – St. Wolfgang – Hausschacherteich – Weitra, 5 ½ Std., großteils gut markierte, leichte Wanderung mit längeren sonnigen Strecken.
Empfehlung:	Mit Schmalspurbahn oder Bundesbus von Weitra nach St. Martin (Fußmarsch zwei Drittel auf asphaltierter Nebenstraße, 1 ¾ Std., siehe B). Badegelegenheit im Hausschacherteich!
Einkehr:	Gasthof in St. Wolfgang, Restaurant beim Strandbad.
Karten:	Österr. Karte Nr.18, Freytag & Berndt WK 111.
Information:	Stadtamt 3970 Weitra, Tel. 02856/23 78.
Zufahrt:	Nach Weitra von Wien über Gmünd, von St. Pölten über Krems und Zwettl, von Linz über Freistadt.

Bis vor kurzer Zeit galten die Kuenringer in der Volksmeinung trotz ihrer großen Verdienste um die Kultivierung des Waldviertels als Raubritter. Wohl weil sie mit den babenbergischen Landesherrn in Konflikt gerieten, als ihr ursprünglich reichsunmittelbares, als Königsschenkung verliehenes Hoheitsgebiet nach 1156 dem Herzogtum Österreich angeschlossen werden sollte. Die offiziellen Chronisten stempelten die Kuenringer daher ganz einfach zu Staatsfeinden, eine durch die Jahrhunderte unverändert wirksame Methode!

Tatsächlich aber trachteten die Kuenringer den noch kaum besiedelten Grenzraum gegen Böhmen abzusichern. Ihre ritterlichen Gefolgsleute (oder vielmehr deren untertänige Bauern!) sollten das unwirtliche Gebiet des Nordwaldes im „Districtus Witrensis“ und „Zwettlensis“ urbar machen.

Sind wir aus dem Lainsitztal hinaufgestiegen zum Johannesberg, liegt dieses Stammgebiet der Kuenringer ringsum ausgebreitet. Die Aussicht von der Bergkirche ist gegen Nordwesten leider durch den

Hochwald verstellt. Aber wir wollen ja mit dem Blick der Phantasie über das Land schauen, vielleicht wie Hadmar II., der große „Begründer" unter den Kuenringern.
Er ließ hier, auf dem mit 839 m höchsten Gipfel der Wasserscheide gegen das böhmische Moldaugebiet, noch vor 1162 die Burg „Hadmarsteine" erbauen. Jedoch schon 1319 lag die Feste in Trümmern, ob durch Zerstörung im Zuge der Aufstände der Kuenringer gegen die österreichischen Herzöge, ist nicht geklärt.
Noch im 14. Jh. errichteten jedenfalls die Zwettler Stiftsherren auf den Grundmauern der Burgkapelle die Johanneskirche, die später zu einer mächtigen gotischen Bergkirche ausgebaut, noch heute an die Kuenringerburg auf dem Johannesberg erinnert.
Steinerne Zeugen der Vergangenheit lassen in dieser historischen Landschaft ferne Jahrhunderte vor uns lebendig werden! Im Dorf Altweitra, nahe der schönen Wallfahrtskirche von Unserfrau, ist eine vor 1200 erbaute romanische Kirche erhalten geblieben. Die Kuenringer hatten hier eine Eigenpfarre und Zollstätte eingerichtet. Nach nicht allzulanger Zeit verlegten sie aber diese Altsiedlung auf ein strategisch günstigeres Granitplateau hoch über der Lainsitz, wo zwischen 1201 und 1208 unter Hadmar II. Stadt und Burg Weitra planmäßig angelegt wurden.
Weitra ist als bauliches Juwel bekannt. Aber wer würde schon in einem so winzigen Flecken wie St. Wolfgang eine mächtige gotische Hallenkirche vermuten? Im Dorf Spital bei Weitra entstand, wie schon der Ortsname andeutet, um 1200 an einer mittelalterlichen Fernstraße ein Pilgerhospital des Johanniterordens.
Das abwechslungsreich kultivierte Gelände mit den verstreuten Dörfern und Hofgruppen geht sicher noch auf die ersten Ansiedler unter den Kuenringern zurück. Es ist ein freundliches Bauernland mit den typischen „Streifenfluren", Wald und Wiese und Feld bunt gemischt, durch das wir über den Johannesberg nach Weitra wandern. Und eine nostalgische Bahnfahrt als Auftakt der Tour könnte uns mehr Zeit für den Besuch der nahen Sehenswürdigkeiten lassen!

Routenbeschreibung

A St. Martin – Johannesberg – Weitra

Von der Bahnhaltestelle *St. Martin* (621 m) auf einem Fahrweg ansteigend an Siedlungshäusern rechts vorbei zu einer alten „Harstube" (wegen der Feuersgefahr abseits der Gehöfte angelegtes Dörrhäuschen zur Flachsverarbeitung).

Auf dem rot markierten Weitwanderweg Nr. 606 + 620 in das teilweise bewaldete Gelände des Scheibenbühels mit einer aufgeforsteten Sumpfmulde, in der sich Reste der typischen Feuchtvegetation erhalten haben. Dann im Bogen durch schönen Mischwald mit Heidelbeerwuchs und bergab in die freie Mulde am St.Martiner Feld (Einmündung von B). Auf Asphalt über einen Sattel nach *Sulz* mit seinen schönen Bauernhöfen und links zur Ortsstraße.
Gegenüber noch ein kurzes Asphaltstück hinan, durch Waldgelände und auf einem Fahrweg über die Hochfläche nach *Walterschlag* (704 m), das rechts auf der Straße durchquert wird. Bei der Kreuzung links bis zur Anhöhe, dort rechts abzweigen, kurz oberhalb der Straße dahin und rechts in den Wald hinein. Im Bogen, zuerst links und dann rechts, nach spärlicher Markierung auf Waldweg zu einem Sattel und steil zur Kirche auf dem *Johannesberg* (839 m, 1 ½ Std., schöner Rastplatz auf dem Blockgipfel).
Über die Kirchenstiege hinab zu einem Waldweg mit Hinweistafeln „*Wünschelrutenweg*". Über diesen steil zum Fuß des Bergkegels und den teilweise freien Rücken entlang zur Straße bei Harmannstein. Diese kurz links entlang, dann rechts abzweigend auf schmalem Asphaltweg durch ein ebenes Aufforstungsgebiet (rot markiert, Weg Nr. 2).
Bei Kreuzung der Forststraßen links bergab durch schönen Wald mit Heidepartien zur Weggabelung bei einem alten Steinkreuz und weiter abwärts zum Waldrand. Auf einem Fahrweg rechts Richtung *Oberwindhag*, kurz vor den Gehöften aber links abzweigend auf einem Feldweg durch malerische Streifenfluren. Beim folgenden Resselhof (Fischteiche) gleich rechts abkürzend zur Straße und nach *St. Wolfgang* (648 m, 1 Std.; Gasthof Haubner, Montag nachmittag Ruhetag, Voranmeldung günstig, Tel. 02856/2356).
An der Kirche rechts vorbei, nur mehr kurz auf Asphalt, mit schönem Rückblick auf die sehenswerte Kirche zum Waldrand, wo ein Fahrweg durch Nadelholzbestand mit üppigem Heidelbeerwuchs in eine sumpfige Senke führt. Dort leicht rechts auf der Forststraße bergab, bei deren Wendung geradeaus auf altem Karrenweg zum idyllischen *Winkelteich* (Rastbänke). Von der folgenden Forststraße gleich rechts abzweigend durch eine Mulde und steiler bergab in einer Allee stattlicher Eichen, Fichten und Linden zu einer Rieseneiche mit Bildstock von 1874. In der Allee weiter zum *Hausschacherteich* (ca. 590 m, ¾ Std., Strandbad mit Restaurant – Zugang um den Teich links herum durch eine botanisch interessante Verlandungszone und am Golfplatz entlang).
Vom Strandbad über den Damm zur Einmündung des Wanderweges (oder gleich am Ufer rechts entlang), dort in eine Allee mit riesigen Linden hinab und unter dem Veitsgrabenviadukt zu einem

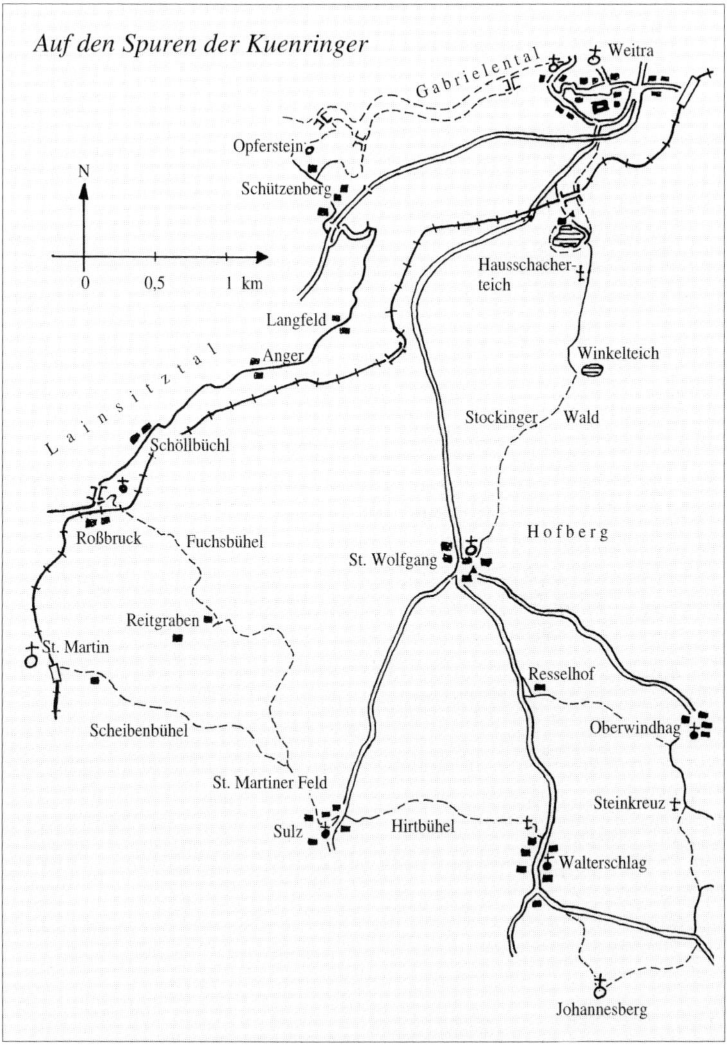

Promenadenweg. Unter der Bundesstraße hindurch, dann rechts hinauf zur Bergzeile und an der Schloßeinfahrt vorbei zur Kreuzung vor dem Stadttor von *Weitra*. Gegenüber führt die Bahnstraße zwischen einförmigen Neubauten und der stattlichen Häuserzeile der Gründerzeit (u. a. Villa Amalia von 1902) zum Bahnhof, 20 bis 30 Min.

Vom Stadtplatz in Weitra hinab ins Ledertal zur Bürgerspitalkirche (erbaut um 1340, bemerkenswerte Fresken!). Durch die Spitalgasse die Lainsitz entlang in das schon im 19. Jh. zu einem Naturpark gestaltete, sehr reizvolle *Gabrielental* (rot markiert, Weg Nr. 630). Von der alten Wegsäule über den Wultschaubach, am Opferstein vorbei hinauf nach Schützenberg und jenseits der Bundesstraße wieder hinab zur Lainsitz.
Die folgende Wanderstrecke führt ebenfalls durch eine recht idyllische Tallandschaft, geht jedoch über Langfeld, Anger und Schöllbüchl 4 km auf der zwar wenig befahrenen, aber asphaltierten Straße bis vor Roßbruck (1 ³/₄ Std.). Nachdem eine Wiesensenke mit Kapelle und Bahnviadukt jenseits der Lainsitz aufgetaucht ist, geht man nach der Brücke scharf links auf Weg Nr. 4 mit einer Kehre hinauf über die Bahn. Ein Fahrweg führt über den bewaldeten Fuchsbühel hinweg nach Reitgraben. Dort links, im Bogen über den Waldrücken der Hinterleiten zum Anschluß an den Weitwanderweg kurz vor Sulz (1 ¹/₂ Std. bis auf den Johannesberg).

Weitere Wandervorschläge

Kurztouren:	Weitra – Gabrielental – Opferstein – Weitra in 2 ¹/₄ Std. St. Wolfgang – Sulz – Walterschlag – Johannesberg – Oberwindhag – St. Wolfgang in 2 ¹/₂ Std.
Extremwanderung:	Weitra – Gabrielental – Schützenberg – Roßbruck – Sulz – Walterschlag – Johannesberg – Oberwindhag – St. Wolfgang – Hausschacherteich – Weitra in 7 ¹/₄ Std.

Das Grenzlanddorf und sein Erlebnisweg

Route:	Heinrichs – Kudelring – Mandlstein – Göllitz – Heinrichs, insgesamt 4 bis 5 Std., rot markiert, in der beschriebenen Richtung, leichte Bergwanderung, überwiegend im Wald, nur letzter Teil sonnig.
Empfehlung:	Vor der Wanderung den „Begleiter" (Führer) im Kaufhaus, beim Bäcker oder im Gasthaus besorgen! Sehr geeignet mit Kindern, aber genug Rast- und Spielzeit einplanen.
Einkehr:	Ausreichend Getränke mitnehmen – keine Einkehrmöglichkeit!
Karten:	Freytag & Berndt WK 111.
Information:	Grenzlandverein Heinrichs, Sektion Wandern, 3962 Heinrichs 31, Tel. 02856/8201.
Zufahrt:	Von Weitra über Schagges oder von Gmünd bei Altweitra-Unserfrau abzweigend über Ober Lembach, von Bad Harbach über die Mandlsteinstraße.

Das Dorf hieß bis 1922 „Heinrichs an Böhmen". Alte Leute erinnern sich noch, wie sie damals nach Gratzen zum böhmischen Schneider oder Schuster gingen oder bei der Kirche zu Maria-Bründl wallfahren waren. Die Grenzziehung der Ersten Republik machte den Ort zu „Heinrichs bei Weitra", und 1945 senkte sich schließlich der Eiserne Vorhang scheinbar endgültig quer über das Land. Die Heimatvertriebenen konnten nur mehr vom Mandlstein auf ihre verlorenen Wohnstätten blicken, auf Gratzen, das jetzt „Nove Hrady" hieß und plötzlich wie auf einem fernen, unerreichbaren Planeten gelegen war. Sie erblickten auch eine sich unter der kommunistischen Staatswirtschaft allmählich verändernde Landschaft.

Und unser Dorf? Wie aus dem Bilderbuch liegt es in der vom Mandlstein herabziehenden Mulde. Da ist die von böhmischen Steinmetzen um 1873 erbaute neugotische Kirche. Schule und Gasthaus stehen an der oberen Kreuzung mit der alten, von Weitra nach Budweis führenden Kremser Straße. Im Dorf hinab reiht sich Gehöft an Gehöft. Wohnhaus und „Ausnahmstübl" (für die alten Bauers-

leute) mit dem großen Tor dazwischen weisen zum Dorfanger. Ein unternehmerischer Vorfahr hat das Bächlein sogar einmal zum Antrieb einer Lichtmaschine ausgenützt, nachdem dort seit Urzeiten nur Enten, Gänse und Krebse ihre Welt hatten.
„Hintaus" schließen Stall, Stadel und Scheune an. Zum nahen Waldrand mit seinen Riesenblöcken ziehen Obstgarten und Viehweide hin und ein paar spärliche Ackerstreifen. Ein Stück weiter sind die alten Fluren schon wieder vom Wald überwuchert. Dort warten Heidelbeeren und Pilze! Die böhmische Seite wirkt offen und frei mit weithin ziehenden Feldern. Wie eine dunkle Mauer begrenzt der Abendberg den Blick. Sein Hochwald bietet keinen Schutz für das Dorf. Denn wie der Blick ungehindert ins Böhmische hinausgeht, bläst auch der Nordwind herein und läßt spätestens um Allerheiligen die heißen Sommertage und den milden, goldenen Herbst des Hochlandes vergessen.
Um diese Zeit vereint das Fest des Totengedenkens auch die Dorfgemeinschaft. Wer schon vor Jahrzehnten „abgewandert" ist, wenn man die Übersiedlung nach Wien oder St. Pölten oder in eine andere Gegend mit besseren Erwerbsmöglichkeiten so bezeichnen kann, kommt jetzt auf Besuch. Der Pfarrer trägt durch seine unermüdlichen Rundbriefe dazu bei. Und bei Schweinsbraten, Krautsalat und Waldviertler Knödeln findet sich die Verwandtschaft nach dem Friedhofsgang wieder vereint.
Von den erneuerten Fassaden abgesehen und dem sogar jetzt zum Leidwesen der Dörfler teilweise verrohrten Bach, scheint alles noch so idyllisch und friedlich wie immer. Aber der Schein trügt! Die Schulkinder fahren längst mit dem Bus nach Unserfrau, die Jungen zur Agrarindustrie oder ins Textilwerk nach Gmünd. Manches Bauernhaus könnte froh sein über eine kinderreiche Familie, Jungbauern suchen vergeblich eine Bäuerin, Altbauern einen Nachfolger. Eben Wandel und Umbruch wie allenthalben mit den Problemen einer nicht mehr in sich geschlossenen bäuerlichen Gesellschaft. Der „Schillingstein" und das „Edelweiß" an der Zufahrt von Weitra über Schagges erinnern noch an das längst vergangene dörfliche Leben. Doch wie ein Wunder – im Zerflattern der Dorfgemeinschaft wird auf einmal ein Gemeinschaftsgeist lebendig, finden sich beherzte Einwohner und gründen den „Grenzlandverein Heinrichs"!
Höhepunkt im Jahreskreis ist das Erntedankfest. Darüber hinaus hat sich die Vereinssektion Wandern mit dem „Erlebnisweg" über den Mandlstein ein bleibendes Denkmal gesetzt. Selbst wenn man vorsichtig mit Superlativen sein sollte – diese bestens markierte, mit Wegtafeln und einem Führer (auch volkskundlich und historisch interessant, im Ort erhältlich) beschriebene Route ist für mich der sympathischste Wanderweg im Waldviertel.

Was sollte ich sonst noch empfehlen, als ins Kaufhaus Pascher zu gehen, in die „Greißlerei“. Diesen Ehrentitel wird jeder Besucher bestätigen, der diese dörfliche Institution (mit Tratschbankerl vor dem Eingang!) erlebt hat. Dann die Dorfstraße hinab, wochentags für die Jause das frische Gebäck in der Bäckerei Früchtl gekauft, die als einzige die Menschen im weiten Umkreis zu versorgen hat.
Beim Friedhof kann es dann losgehen! Dieser „Ort des Friedens“ wirkt so vertraut, weil er in das Leben des Dorfes miteinbezogen ist. Er weist in die Vergangenheit zurück, in die Zeit der Vorfahren, als sich um die riesigen Granitklötze Überlieferungen in Sagen zu verwandeln begannen. Solche Gedanken schlagen uns vielleicht für einige Stunden am Weg über den Mandlstein in ihren Bann …

Routenbeschreibung

A Erlebnisweg Heinrichs

In Heinrichs gegenüber dem Friedhof (ca. 560 m) abzweigend und bald vom Hauptweg gelb-blau markiert links zum „Brotlaibstein“ und dem „Aufrechten Schalenstein“. An einem Stadel vorbei zur „Rutschbahn“, dem „Schlupfloch“ und dem „Frauenschuh“, einem mit Wasser gefüllten Doppelschalenstein.

> *Im Reich der Schalensteine* – so wird diese lohnende Variante benannt! Im vielfach mit Föhren bewachsenen Gelände findet man wie auf dem gesamten Bergzug oft bizarre Blockformen im feinkörnigen Eisgarner Granit, hier oft mit Spuren einstiger Steinmetztätigkeit. Das Mandlstein-Gebiet wird auch als Standort besonderer Farne angegeben (Rippen-, Eichen- und Buchenfarn sowie Berg-Lappenfarn).

Auf Fahrweg weiter auf eine Anhöhe mit Bank und schönem Dorfblick. Nach einer Schafweide deutliche, vom Wald überwachsene Spuren der ehemaligen Streifenflur. Weiter oben folgen Föhrenbestände mit Heidelbeerböden und bemerkenswerten Blockbildungen. Durch dichteres Gehölz in die Feuchtmulde „Kühberger See“ und links wendend zur Straßenquerung.
Oberhalb vom *Schillingstein* wieder Föhren-Blockheide, bald danach ein Hochwald mit auffallenden Steintischen, einer Blockwand und Halde mit Höhlennischen unter den dachartigen Vorsprüngen der Granitbänke. Der Markierung nach weiter zur Einmündung des

Weitwanderweges Nr. 07A und auf einem Karrenweg zum *Kudelring* mit einer langgestreckten Blockklippe in typischer Wollsackverwitterung (752 m). Nach dem Sender folgt der kuriose „Doppelwackelstein" (links bei der Farbmarkierung bewegen, dann beginnt das ganze Felsgebilde zu wackeln!). Zusätzlich davor zwei Wasserschalen und unterhalb eine Blockterrasse. Im nun zunehmend mit Fichten und Tannen durchsetzten Wald weiter, an einer Blockplattform mit Schalensteinen vorbei (Marke – 3 km) und leicht bergab zum *Schanzgraben* mit Querung der asphaltierten Forststraße zwischen Reinprechts und Heinrichs.

Gegenüber ansteigend durch Mischwald mit immer mehr Buchen, kurze Ausblicke zeigen das Schloß Weitra und im Süden den Nebelstein. Rechts abseits befinden sich wieder interessante Steine (Blockgruppe mit kleinem Steintor, Quersprung, Wasserschale und Steinwarze). Bei Marke – 4 km über Lichtungen und rechts auf Steig um den *Schinderberg* herum mit Dachüberhang im dünner geschichteten Fels, teilweise überhängenden Blockstiegen und häufigem Farnbewuchs. Durch ein Blockfeld querend, an einer Zwieselfichte vorbei zur „Mausefalle" und nach einem Kluftspalt zu einer dreistämmigen Buche.

Eine Felsmauer mit Vermessungszeichen (838 m) lockt zum Aufstieg, links eine Kletterwand und oben ein Plateau mit Heidelbeeren und Birken, Ausblick gegen Pyhrabruck (Grenzübergang nach Gratzen). Die „Liebeslaube" liegt bereits in urwaldartigem Gelände, über dem die *Hohe Steinwand* eine Idealsicht auf Heinrichs bietet! Gleich auf den Klippen weiter zur Wegfortsetzung mit dem *Hut*, dessen Halbschale einen luftigen Hochsitz bereit hält.

Weiter durch Fichtenforst und über Kammlichtungen (Faulbaumsträucher), der Mandlstein wird sichtbar, jenseits der Göllitz öffnet sich der Blick ins Böhmische mit dem früher bedeutenden Herrschaftssitz Gratzen. Der Weg führt links zu den auffallend dünnschichtigen Blockplatten der „Sonnensteine" und zu den „Schalensteinen", einem Halbschalenblock, einem Rundling mit doppelseitigen Wasserschalen und einem schwer zu besteigenden Reitstein! Dann ist bald der Sattel an der Mandlsteinstraße mit der Rasthütte erreicht (ca. 840 m, 1 ½ bis 2 Std., Einmündung des Weges Nr. 4 von Weitra).

Das letzte Stück des Nordwald-Kammweges mit der Blaupunkt-Markierung geht es hinauf zum *Mandlstein* (874 m, 10 Min.): Treffpunkt der 1945 in Todesmärschen aus dem tschechischen Grenzland kommenden „Heimatvertriebenen" (Altarbild beim Festplatz mit „Maria Trost in Brünnl bei Gratzen"). Beim Gipfelkreuz Brücke zur Felskanzel mit Panorama der ehemals „deutschen" (eigentlich österreichischen) Siedlungen. Ein hervorragender Aussichtspunkt!

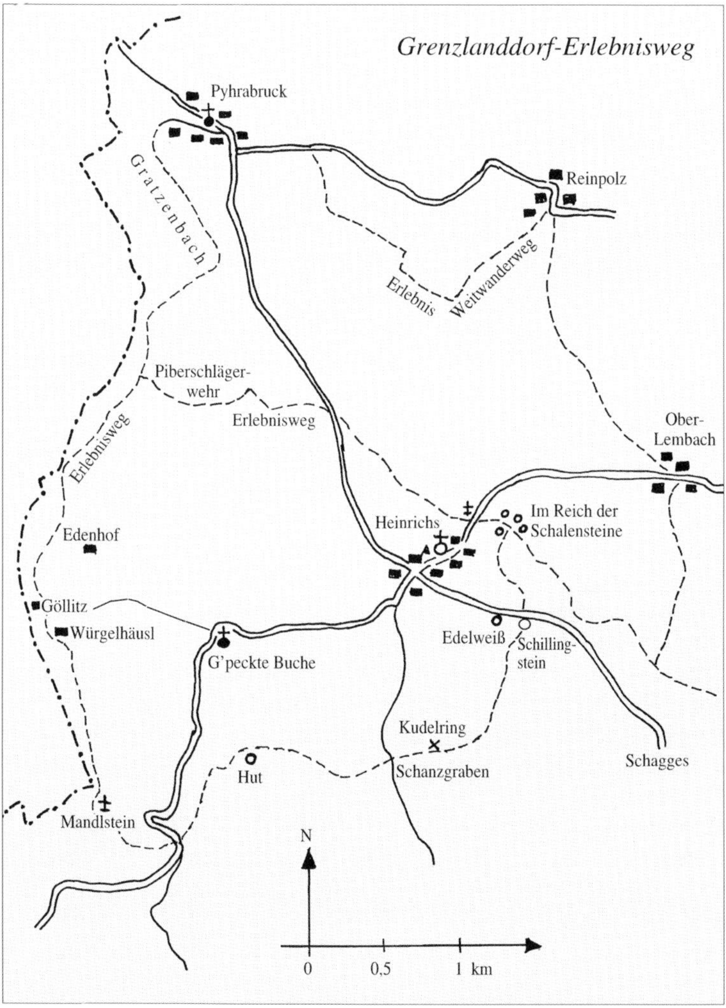

Vom Festplatz auf dem markierten Weg zum „Mandlsteintor" (vom Weg am Fuß der Felsburg muß man einige Schritte zurück). Folgender Abstieg am Grenzrücken zum *Diabsweg* und später hinaus in freies Gelände, rechts am Waldrand zu einer Sumpfwiese mit Steinblock und Feuchtbiotop (Torfmoos, Sonnentau, Flammender Hahnenfuß, Teufelsabbiß u. a.). Nach dem „Würgelhäusl" kurz auf dem Asphaltweg weiter zum Feldrand bei *Göllitz* mit auffallenden Steinschlichtungen aus den hier einst angelegten Feldern. Beim „Steinquader" rechts in etwas verwirrender Wegführung weiter, zuletzt einen Rain mit Birken und Faulbaumsträuchern nahe dem Edenhof entlang zum Damm in der Göllitzbachmulde.

Vom Fahrweg links abzweigend über Heideböden zum Grenzstein, nun schon Marke – 9 km! Bergab in dichte Wälder zum *Piberschlägerwehr* mit Abzweigung des Weitwanderweges (ca. 600 m, 1 ¼ Std.). Bei der folgenden Wegteilung geradeaus zu einem Waldbächlein im seichten, verblockten Graben, einer sehr reizvollen Partie mit hohen Fichten, Felsplatten und kleinem Wasserfall. Bei der „Loimersgrabenmünde" aus sumpfigem Gelände durch das *Hölltor* hinaus zum Wiesenrand mit letzten, von den Feldern entfernten Blöcken. Nun leitet ein Ackerfahrweg zur Pyhrabrucker Straße, und geradeaus geht es auf Feldweg weiter, an einem Hain mit Blockgruppe und schöner Flora vorbei (Aussicht auf Heinrichs, Mandlstein und Lembach), durch die weitgespannte Mulde wieder zum Ausgangspunkt (¾ Std.).

B Erlebnisweitwanderweg

Vom Piberschlägerweg (Wegweiser) abzweigend, bald den idyllischen Gratzenbach entlang nach Pyhrabruck (Gasthof). Die weitere Runde verläuft durch meist offenes Gelände über Reinpolz und Oberlembach in das Waldgebiet unterhalb der Zufahrtsstraße von Schagges und zuletzt durch das Blockgelände „Im Reich der Schalensteine" zurück nach Heinrichs (gesamte Runde 8 bis 9 Std.).

Weitere Wandervorschläge

Kurztouren: Heinrichs – Straße Richtung Schagges – Schillingstein – Kudelring – Mandlstein – Göllitz – G'peckte Buche – Heinrichs in 3 ¼ Std.

Extremwanderung: Weitra – Brühl – Unserfrau – Weitwanderweg – Heinrichs – Straße Richtung Schagges – Schillingstein – Mandlstein – Reinprechtsforst – Wultschau – Gabrielental – Weitra in 8 bis 9 Std. (siehe Freytag & Berndt WK 111).

Vom Herrnsee zum Teufelsstein

Route:	Litschau – Schlag – Richterteich – Graslstein – Hörmanns – (Litschau) – St. Peter – Schandachen – Steingarten – Litschau, insgesamt 5 bis 6 Std., ausgedehnte Rundtour auf Fahrwegen und romantischen Steigen, gut markiert (als Variante teilweise Orientierungswanderung), vielfach sonnig!
Empfehlung:	In zwei Runden mit 3 Std. bzw. 3 bis 4 Std. begehen, wobei beide Uferpromenaden am Herrnsee benützt werden.
Einkehr:	Gasthöfe in Hörmanns und Schandachen, Restaurant beim Strandbad.
Karten:	Österr. Karte Nr. 5.
Information:	Gästeservice der Stadtgemeinde 3874 Litschau, Stadtplatz 17, Tel. 02865/53 85.
Zufahrt:	Von Wien über Horn – Waidhofen an der Thaya – Heidenreichstein oder von Gmünd über Nagelberg und Brand.

Bevor die Massenmotorisierung den „höchsten Norden“ unseres Landes erreichte, konnte man sich hier auch wie in einem „fernen Norden“ fühlen: Eine weite Reise mit der Franz-Josefs-Bahn von Wien herauf, als Abschluß noch die gemütlich dahinzuckelnde Schmalspurbahn – die Dörfer ohne diesen Verkehrsanschluß der Inbegriff von Abgeschiedenheit!

Heute ermöglichen gut ausgebaute Straßen die Zufahrt. Das Gefühl von Entlegenheit und Ferne ist aber geblieben und wurzelt wohl im fast fremdartigen Charakter der Landschaft.

Die Gewässer fließen in die „verkehrte“ Richtung, über die Grenze hinaus zur Moldau und Elbe und Nordsee, anstatt zur Donau. Litschau selbst liegt ja nicht einmal mehr im Lainsitztal, sondern am Reißbach. Und dieser entspringt schon jenseits der tschechischen Grenze an der Böhmisch-Mährischen Höhe, die hier – ebenso wie die Südböhmische Teichplatte – ein Stück nach Österreich hereinzieht.

Das am fjordartigen „Herrnsee" gelegene Litschau hat sich von der traditionsreichen Sommerfrische neuerdings zum „Erlebnisland" gemausert – nicht zuletzt durch das Feriendorf Königsleiten und ein kreatives Gästeservice-Team. Der Wanderer kann sich daher auf ein dichtes und gut markiertes Wegenetz freuen. Das Gelände auf Wanderbedürfnisse zu trimmen, ist aber trotz allen Fortschritts noch nicht möglich! Also stellen die langen Strecken zwischen den schönen Wegstellen doch ein Problem dar. Unsere beiden auch in einem Zug leicht begehbaren Rundtouren halten sich auf jeden Fall an die schönsten Wanderwege und vermeiden nach Möglichkeit längere Asphaltstrecken.
Schon der Auftakt der Wanderung bietet eine historische Stätte! Das ins 13. Jahrhundert zurückreichende Schloß Litschau gehörte nämlich zu einem wehrhaften Gürtel von Burgen und planmäßig angelegten, befestigten Städten entlang der böhmischen Grenze, der sich im Thayatal fortsetzt. Der Kreuzungspunkt der beiden Wanderwege, das Dörfchen Hörmanns, hält sogar einen „literarischen Schauplatz" bereit (Adolf Katzenbeisser, Kleiner Puchermann lauf heim, Verlag Böhlau, Wien 1986).
Auch die naturkundlichen Sehenswürigkeiten fehlen nicht entlang des Wanderweges. Das Rottalmoos mit seiner einzigartigen Sumpfporstblüte entzieht sich allerdings dem Besuch durch Ortsunkundige! Die Lärchenallee beim Kolomanistein (zwischen Eisgarn und Illmanns), die zyklopische Wildnis des Höllgrabens und die Blockfluren bei Türnau sollte man sich aber keinesfalls entgehen lassen! Um sie alle der Reihe nach zu besuchen, benützt man in dieser großflächigen Landschaft doch eher das Fahrrad. Denn für die 30 km zu den „Sieben Dörfern um Litschau" bedarf es zu Fuß schon einer gewaltigen Ausdauer und Unverdrossenheit – und der geeigneten, nicht zu heißen Jahreszeit.

Routenbeschreibung

A Litschau – Schlag – Hörmanns

Vom Stadtplatz in Litschau (531 m) bergab, über den Reißbach und rechts zur Schlägerstraße. Nach wenigen Schritten links über die Stiege hinauf zum Neuen Schloß (1793) und links auf dem Schloßweg zum Portal des Alten Schlosses mit Durchblick zum Pfarrkirchturm.
Von der folgenden Eichenallee bei Wegweiser „Lehrhain" rechts auf Weg Nr. 12 in freies Gelände und an einem schönen Rastplatz links

vorbei den Waldlehrpfad (beschilderter Rundweg) entlang zum *Kufsteinteich* (1677 angelegt und als „Himmelteich" nur von den Niederschlägen gespeist!).
Auf dem Dammweg links zur Rindenhütte und halb rechts auf der Forststraße über eine Anhöhe hinweg (vielfach Roter Fingerhut) zur Wegkreuzung „Beim Dreieck". Kurz rechts und dann links abzweigend der roten Markierung Nr. 12 entlang aus dem Waldgelände und über Feldwege nach *Schlag* (ca. 530 m, 1 Std.; links die Straße entlang zum „Froschstein", zusätzlich 20 Min.).
Gleich gegenüber auf Fahrweg über den Hügel hinweg, bei einem auffallenden Steingebilde kurz links und wieder rechts abzweigend zum *Schläger Wehr*. Links an diesem malerischen Teich vorbei durch einzelne Waldstücke, stets auf dem Fahrweg, zur Lichtung beim Kashof mit heideartigem Waldrand (Ginster und Faulbaumsträucher) und Rastbank an einer Felsplatte. Auf Asphalt zur Josefstaler Straße am Schneiderbühel (549 m), diese nur kurz rechts entlang und links bergab zum einsam im Wald gelegenen *Richterteich* mit Schwänen und einer kleinen Insel.
Nun rechts nach der Markierung Nr. 12 in den Wald hinein zu einem wunderschönen, abwechslungsreichen Wegstück: Der schmale Steig durchquert lockeren Mischwald mit Heidelbeerböden, führt links bald einen sumpfigen „Bruchwald" entlang und um einen verlandeten Teich herum. Im folgenden urigen *Dachsgraben* treten immer größere Blöcke hervor. Von der zerklüfteten Felsenburg der „Graslstubn" weiter ansteigend zum *Graslstein* und hinaus auf einen Wiesenweg mit Heidekraut und Felsplatten zur Wegkreuzung auf der Anhöhe (ca. 590 m, 1 Std.; bei der anschließenden Wiese ein Granitblock als schöner Rastplatz).

> *Anschlußweg zur Runde B*: Den Höhenrücken nördlich auf markiertem Fahrweg stets mit schönem Ausblick entlang, an einem Ginsterriegel und einer Senke mit kleinen Teichen vorbei bis zum Sportplatz. Dann durch den Wald mit dem unscheinbaren Schauflerteich, rechts der „Friedlstein", zur Haugschlager Straße. Auf dieser rechts bergab zur Wegabzweigung nahe dem Schloß Hörmanns (für die Orientierungswanderung) oder auf Weg Nr. 13 zum Ortsbeginn von Hörmanns mit Anschluß in die Saaß, $^3/_4$ bis 1 Std.

Von der Wegkreuzung zunächst wie beim „Anschlußweg" auf dem Fahrweg ebenfalls links über die nächste Waldkuppe und dann scharf rechts abzweigend zu einem östlich bergab führenden Rücken (vom Rastblock gleich die Wiese querend als Abkürzung über wunderschöne Heideböden!). Der Feldweg mündet bei einem Gehöft mit Gänseweiden in die Ortsstraße von *Hörmanns* (521 m, 20 Min.).

Rechts beim Puchermann-Blockhaus vorbei und vor der über den Reißbach führenden „Kastanitzerbrücke“ mit Nepomuksäule rechts abzweigend zum Beginn des Erholungswaldes Herrnsee. Bei der Wegteilung links und auf dem stimmungsvollen Promenadenweg, zuerst neben der sumpfigen Verlandungszone (naturkundliche Hinweistafel), dann das Ostufer am *Herrnsee* entlang zum Strandbad. An einem Rastpavillon vorbei weiter zur Teichallee an der alten Wehrmauer von Litschau und zum Ausgangspunkt am Stadtplatz (3/4 Std.).

B Hörmanns – Steingarten

In Litschau vom Stadtplatz zum Erholungswald am *Herrnsee* und links durch die Teichallee zur Bootsvermietung, wo der Spazierweg am westlichen Ufer beginnt. Später wird durch ein Siedlungsstück eine Bucht mit links anschließendem „Feuchtbiotop“ erreicht (u. a. zahlreich Sumpf-Calla, Schlangenwurz genannt). Vom folgenden Fahrweg Abzweigung zum „Schrammel-Geburtshaus“ mit direktem Weiterweg zum Bräuteich in Hörmanns möglich! Die Promenade zieht aber am Ufer des Herrnsees weiter, zuletzt auf einem Ufersteig die Naturschutzzone entlang und vom Erholungswald hinaus nach *Hörmanns* (521 m, 3/4 Std.; am Ortseingang die Nepomukbrücke und links im Baumwinkel das Puchermannhaus).

Das hübsche Dorf wird auf der Straße durchquert. Beim Ortsende (links Einmündung von Weg Nr. 13) rechts über die Brücke zunächst unmarkierte, dann mit Nr. 15 auf Asphalt verlaufende Abkürzung in die *Saaß*. Dort kurz auf der Straße rechts zum Waldrand mit schönem Ausblick (Saaßer Teich und Bergkirche St. Peter), dann auf Waldfahrweg Nr. 14 zur Flur *Steingarten*, wo links am

Vom Herrnsee zum Teufelsstei

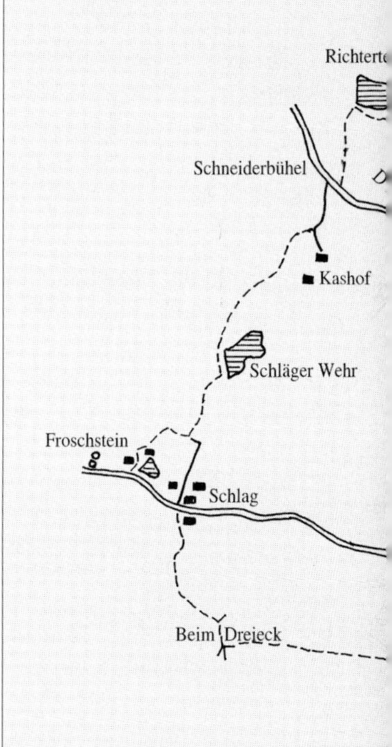

Waldrand der „Hutstein“ und die Felsgruppe „Teufelsstein“ (mit Spuren der Teufelskrallen und einem Schalenstein) erreicht werden (3/4 bis 1 Std.; die Blockbildungen heißen im Volksmund „Falkenburg“).

Variante über St. Peter und Schandachen (teilweise Orientierungswanderung für geübte Wanderer, sehr lohnend!): Auf der Haugschlager Straße bleibend beim Schloß Hörmanns vorbei zur Abzweigung einer Sandstraße nahe einem neuen Teich (rot markiert, Nr. 608), die durch den Wald des Kastanitzertals zu einem Gehöft führt. Hier unmarkiert rechts kurz auf Asphalt und dann innerhalb des Waldrandes aufwärts zur Wiesenecke und links abzweigend auf Forstweg weiter. Eine Forststraße überquerend, bei der Wegteilung rechts und im urigen Forst hinauf. Bei Kreuzung kurz gerade und links über die Anhöhe zu intensiv nordisch erscheinenden Heideböden! Rechts oberhalb eines Hauses vorbei und auf der Asphaltstraße zur Kirche von St. Peter mit sehr schöner Aussicht (619 m, 1 Std.; auf der Straße hinab in die Saaß Abkürzung zum Steingarten möglich).

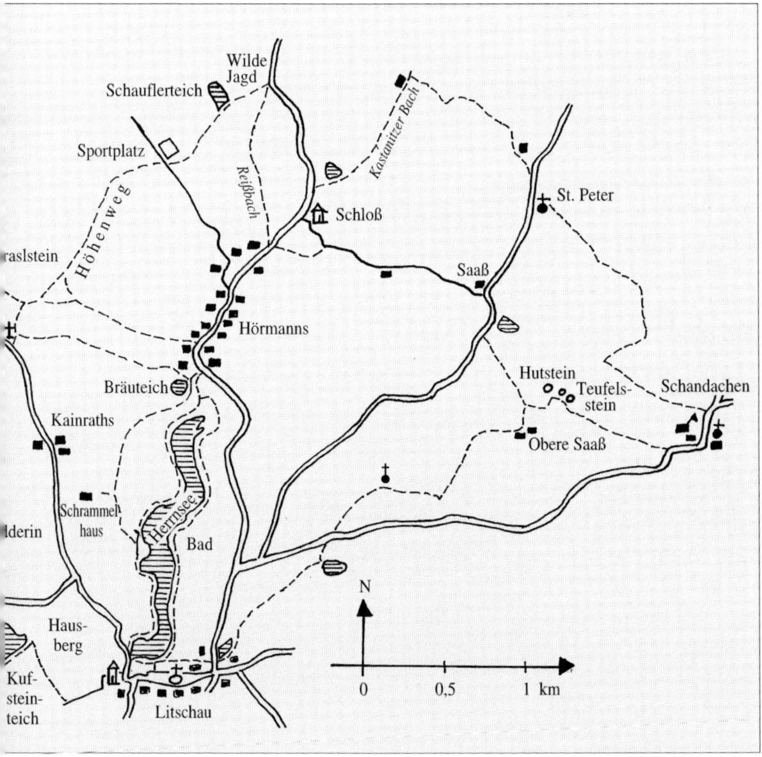

Nun zur gegenüberliegenden östlichen Waldecke mit stattlichen Rotbuchen und einem unmarkierten deutlichen Weg, der durch Birkenforst in den Hochwald und dort ziemlich geradlinig weiter verläuft. Bei undeutlichen Verzweigungen rechts (eher am Plateaurand entlang) bis zu einer ungemein stimmungsvollen Lichtung mit Heidelbeerboden und einzelner Birke! Einen bald immer besseren Karrenweg entlang bergab bis zur nächsten Lichtung (riesige Eiche und Buche in dem sonst hier eher niedrigen Wald) und rechts zu einem Querweg. Hier links auf der Waldstraße in das freie Gelände mit Steiners Gänseweiden und nach *Schandachen* (597 m, 40 Min., Gasthaus Oppolzer, Montag Ruhetag).

Am Ortsende rechts auf Feldweg abzweigend (rot markiert Nr. 14) und zum Waldrand mit links abseits gelegenen Granitblöcken. Durch das kurze Waldstück zum Steingarten und am „Teufelsstein“ vorbei zum „Hutstein“. Am Waldrand weiter, dann rechts hinaus zu dem aus der Saaß heraufführenden Fahrweg (20 bis 30 Min.).

Von der Hochfläche am Steingarten (ca. 610 m) auf Fahrweg rot markiert Nr. 14 leicht bergab zu den Gehöften der *Oberen Saaß* und hinaus in die weitläufige Ackermulde. Vom folgenden Waldrand rechts zu einem Waldstreifen mit Bildstock (591 m) und später wieder kurz einen Wald entlang geradeaus zur Schandachener Straße. Dort in die Mulde hinab und an Teichen vorbei zu einem ins Ortsgebiet von *Litschau* mündenden Waldweg. Beim Mörterteich rechts gleich zur Teichallee und die Stadtmauer entlang zum Ausgangspunkt am Herrnsee mit Durchgang zum Stadtplatz (1 Std.).

Weitere Wandervorschläge

Kurztouren:	Rundweg um den Herrnsee in 1 ½ Std. Schloß Litschau – Kufsteinteich – Waldlehrweg in 1 ½ Std.
Extremwanderung:	Gesamte Rundtour mit Froschstein und Orientierungswanderung in 6 ½ Std.

Wandern im Tal der Romantiker

ROUTE:	Raabs – Ruine Kollmitz – Kollmitzgraben – Haidlmühle – Eibenstein – Kollmitzdörfl – Kollmitzgraben – Sauggern – Seebsbach – Raabs, insgesamt 8 1/2 Std., interessante, aber Ausdauer erfordernde Doppelrunde, teilweise unmarkiert.
EMPFEHLUNG:	Bei Rückfahrmöglichkeit (Taxi oder in Eibenstein abgestelltes Fahrzeug) klassische Streckenwanderung mit 4 Std. Sehr lohnend in zwei Runden (siehe Kurztouren).
EINKEHR:	Gasthof in Eibenstein.
KARTEN:	Österr. Karte Nr. 7, Freytag & Berndt WK 073, Geolog. Karte Nr. 7 (Groß Siegharts).
INFORMATION:	Stadtgemeinde Raabs (Tourismusverband Thayatal), 3820 Raabs an der Thaya, Tel. 02846/365.
ZUFAHRT:	Von Wien über Stockerau oder von St. Pölten über Krems nach Horn, Richtung Gmünd bis Göpfritz, dort abzweigend über Groß Siegharts nach Raabs (im Zentrum beschränkte Parkmöglichkeit, vom Bahnhofsplatz am Pensionistenheim vorbei über den Thayasteg zur Promenade).

Keine Frage, wo im oberen Thayatal die ideale Wanderstrecke liegt! Ist doch der Thayaboden bei Waidhofen zu flach, gibt es von Dobersberg bis Karlstein im Bogen um die Sieghartser Berge keine so recht geeigneten Wege und begleitet gegen Drosendorf zu schon wieder eine Straße den Fluß. Zwischen Raabs und Eibenstein aber wölbt sich das Hochland in den harten Gesteinen des Kollmitzberges auf und wird von der Thaya in einem naturbelassenen Engtal durchschnitten. Felsmauern gürten die Umlaufberge, vielfältiger dichter Wald überall, und wo sich das Tal weitet, grünen Uferwiesen mit biedermeierlich anmutenden Mühlen.
Die Eckpunkte dieser Landschaft – und der Wanderstrecke – sind durch romantische Burgen markiert, in ihrem Mittelpunkt ragen die

Türme der Ruine Kollmitz als größte mittelalterliche Wehranlage des Landes. Diese Festungen erinnern an die Entstehungszeit Österreichs, als Raabs wie Litschau und Hardegg als eigene, reichsunmittelbare Grafschaft die Grenze gegen Böhmen und Mähren sichern sollte.

Raabs liegt am Zusammenfluß von Deutscher und Mährischer Thaya, und die Spaziergänge an den Flußufern machen der traditionsreichen Sommerfrische alle Ehre. Wie bedeutend die Stadt einst war, erkennt man daran, daß sich der mittelalterliche Name der Grenzfeste „Rakoucz“ als tschechische Bezeichnung für Österreich bis heute erhalten hat! Bei einer Wanderung sollte man auch die anderen Orte an der „Romantischen Straße“ kennenlernen. Das nahe Drosendorf etwa, das als planmäßig angelegte, wehrhafte Stadt auf einer Thayaschlinge bereits im 12. Jahrhundert entstand. Oder Heidenreichstein mit seiner Wasserburg, bereits jenseits der Wasserscheide zum Lainsitzgebiet.

Für Wanderer gibt es allerdings im Thayatal, wie auch in anderen Gegenden des Waldviertels, Probleme mit den Verkehrsmitteln. Ja, in der noch gar nicht so fernen Zeit, als die Bewohner auf den Postbus (oder die Bahn) angewiesen waren, konnte man meist unschwer wieder zum Ausgangspunkt der Tour zurückkehren. Die Motorisierung hat aber auch hier viel verändert. Zwar fahren Busse zum nächsten zentralen Ort oder sogar nach Wien und befördern an Wochentagen nach einem komplizierten Fahrplan die Schüler. Aber von Dorf zu Dorf bewegt sich jeder selbst mit dem Auto, also gibt es auch keinen geeigneten Bus mehr von Eibenstein zurück nach Raabs. Vielleicht könnte man vor der Wanderung Fahrräder am Endpunkt der Tour deponieren...

Alles zu umständlich, auch die Verwendung eines zweiten Autos oder ein Taxi zu organisieren! Wer fast neun Stunden als Tagesmarsch leisten will, braucht solche Überlegungen ohnehin nicht. Soll aber diese überaus lohnende Wanderung auch mit Genuß „begangen“ werden, schlage ich eine Doppelrunde vor. Je einen Tag für einen Bogen, jeweils von den Endpunkten Raabs und Eibenstein aus. Mittagsrast in Kollmitzgraben (keine Einkehrmöglichkeit!) oder bei der Ruine – man kann sich freuen, so romantischen Orten ein zweites Mal zu begegnen! Dazwischen tüchtig marschiert und dann wieder Zeit genug an den schönsten Stellen, um dort zu schauen, Landschaft und Natur zu genießen, in diesem traumhaft schönen Tal auch wirklich träumen zu können! Als ein Höhepunkt des Thayatals fehlt diese Wanderstrecke wohl in keinem einschlägigen Führer. Aber die Tour anders zu erleben, mit neuem Blick für alles, was entlang des Weges an Schönem und Interessantem auftaucht, das soll eben mein „Wandererlebnis Waldviertel“ bedeuten!

Routenbeschreibung

A Raabs – Thayatalweg – Ruine Kollmitz

Vom Hauptplatz die Drosendorfer Straße entlang zum rechts abzweigenden Kollmitzsteig und nach der Thayatalweg-Markierung Nr. 630 zum Promenadenweg, der unter Felsstufen und das Flußufer entlang zu langgestreckten Talwiesen führt (blumenreicher trockener Wegrain, voraus der Kollmitzberg mit dem Thayadurchbruch). Nach einem einmündenden Güterweg geht ein Waldweg beim *Jungfernstein* vorbei zur Lichtung beim Bruckgraben, sehr schöner Kontrast zwischen den dunklen Fichten und den hellgrünen Weiden am Thayaufer.
Links voraus im Wald ansteigend über die Wirtleiten in eine Ackermulde mit Wegteilung bei einer großen Eiche. Hier rechts zu einem bergab führenden Güterweg, der gleich links absteigend verlassen wird. Der aus dem Graben querende Forstweg leitet zur von Kollmitzdörfl kommenden Sandstraße. Auf dieser rechts und bald durch die „Böhmische Mauer" zur *Ruine Kollmitz* (1 Std., urkundlich im 13. Jh., Zugang durch die gotischen Bauteile, am Felsabbruch Reste der barocken Umbauten, seit 1800 verfallen; interessante Felssteppenflora mit viel Berglauch, Mauersegler).

B Kollmitzgraben – Thayatalweg – Eibenstein

Von der Ruine Kollmitz auf dem Asphaltweg den Berghang hinab nach *Kollmitzgraben* (ca. 400 m) und über den breiten, teilweise mit Hochstaudenflur verwachsenen Thayalauf hinweg. Links mit Blick auf die wie Felstürme aus dem Gestein wachsenden Burgzinnen zum Dorfwiesgraben. Die Markierung leitet über einen niedrigen Sattel auf Sandstraße hinweg zur *Haidlmühle*.

> Viel schöner ist die *Orientierungswanderung über den Hadlitzberg* (492 m), einen weit vorspringenden Umlaufrücken: Vor der Straßensteigung links auf privatem Forstweg zu den Felsen, vor dem Überhang aber rechts weglos über Blockhalden und Heidelbeerböden oberhalb des Felsrandes ansteigend zum Plateau. Ein Forstweg führt links zu einer Kanzel mit Blick zur Ruine Kollmitz. Am Bergrand weiter und den folgenden Rücken bergab, zuletzt im Nadelwald leicht rechts zu dem mit Fichten aufgeforsteten Uferstreifen. Auf

altem, etwas verwachsenen Weg rechts zu einem besseren Forstweg, zuletzt leicht steigend zur Sandstraße und auf dieser links bergab zur Haidlmühle (387 m, 1 Std.).

Mit schönem Rückblick (Klinger-Mausoleum und Uhufelsen) rechts zum Waldrand mit Beginn des anläßlich einer Tagung 1927 angelegten *Historikersteiges*. Am Felsrand neben der Wiese entlang zum dicht verwachsenen Thayaufer und dieses durch Hochstaudenflur entlang, bis der Steig mit Tiefblick zum Fluß auf den nächsten Umlaufrücken ansteigt (Seitenweg zur Flußschlinge gegenüber den „Rollsteinen“ nicht lohnend). Am Sattel gleich gegenüber schräg bergab zu einem Karrenweg, die hier breit und ruhig dahinströmende Thaya entlang, bis der Weg in einen Seitengraben ansteigt. Hier links abzweigend über den verblockten Bach und mit Kehre hinauf zum bequemen Querweg (unterhalb schöner Rastplatz auf einem Rasengupf mitten im urigen Nadelwald).

Nun auf dem Hangsteig mit wechselnder Neigung hoch über dem Fluß durch die *Kirchleiten*, auf einem Karrenweg zum Plateaurand und gleich links auf Steig im dichten Fichtenwald bergab durch den Graben zur Oberen *Pfinnigsteigmühle* (386 m, rechts oberhalb ein aufgelassener Graphitbergbau). Die malerischen Gebäude der Unteren Pfinnigsteigmühle, eine Kreuzgruppe unter uralten Lärchen und die schönen Wege zwischen Wiesenboden und Waldrand bieten eine außergewöhnlich reizvolle Wanderstrecke!

Vor dem nächsten Weganstieg am Thayaufer ein traumhaft schönes Rastplätzchen mit einer Fischerbank, unter den mit ihren herabhängenden Zweigen ins Wasser tauchenden Uferbäumen. Kurzer Anstieg, dann einen bequemen Waldweg mit pannonischer Flora bergab zur Seitenstraße, über die Thayabrücke und die Uferstraße entlang nach *Eibenstein* (381 m, 2 Std., Gasthaus; alter Talübergang und Grenzbefestigung, Kirche und Burgruine, beide hochgelegen gegenüberstehend, gehen bis ins 12. Jh. zurück).

C Eibenstein – Kollmitzdörfl – Kollmitzgraben

Durch den alten Ort und über die Kirchenstiegen, am Pfarrhof vorbei, wieder ins Tal hinab, dann zwischen Hauptstraße und Thayabrücke auf einen unmarkierten Fahrweg am Nordufer. Oberhalb ein Felsabbruch aus Gneis und Marmorzügen mit auffallender Trockenvegetation, daneben die Wehr der Lehsteinmühle (früher Listmühle). Durch die Ackerflächen weiter zum Forsthaus am Waldrand.

Anstatt auf dem verwachsenen ehemaligen Silbersteig geht es auf der anschließenden Forststraße weiter, durch den Wald in einen Seitengraben hinein („Tannholz"). Vor der Kehre auf dem ersten Weg nach der steilen Böschung rechts abzweigend bergan und vom

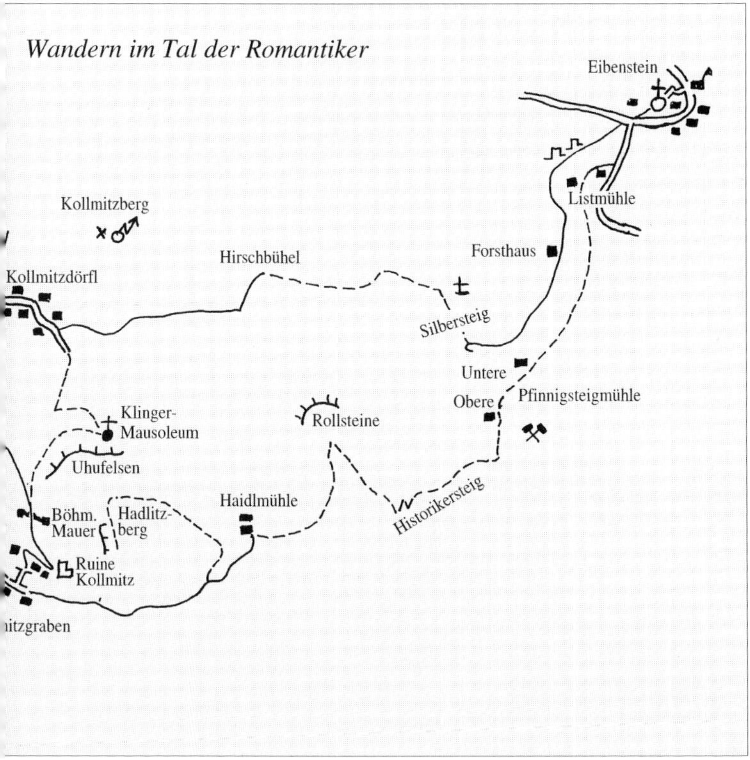

Wegende in derselben Richtung nach spärlichsten Wegspuren mühelos im Wald weiter zum deutlich querenden *Silbersteig* (links eine Schlaglichtung, rechts ein berührendes Gedenkkreuz von 1896).
Diesen links entlang, zuletzt durch Fichtenforst zum Waldrand, links am blumenreichen Feldrain zu einem Wäldchen und in die weite Ackermulde vor dem Kollmitzberg hinaus. Bei der folgenden Kreuzung am *Hirschbühel* (487 m) links ein Stück auf Asphalt und rechts einen Fahrweg bergan zum Waldrand. Südlich am Kollmitzberg im Wald vorbei und mit schönem Blick auf die Sieghartser Berge und das obere Thayatal bergab nach *Kollmitzdörfl* (489 m, 1 ½ Std.).
Links kurz auf Asphalt zu einer Lindengruppe und bei Wegweiser, rot-gelb markiert, geradeaus weiter. Am Waldrand aber links entlang und von der Ecke schräg rechts durch den Hochwald zum *Klinger-Mausoleum* (520 m, anläßlich einer Familientragödie der Raabser Burgherrn 1926/29 erbaut, schöner Ausblick von der Terrasse gegen die Haidlmühle; Wechsel vom Nadelhochwald zu den trockenen Hangmischwäldern des Thayatals).
Kurz den Weg zurück und auf unmarkiertem, aber deutlichem Hangweg links den Bergrand mit wechselnder Neigung entlang, bis links der vorspringende Abbruch der *Uhufelsen* erreicht werden kann – Prachtblick auf die Hadlitzbergschlinge und pannonische Flora! Gleich am Rücken auf Steigspuren weiter und vom folgenden Fahrweg wieder links auf rot-gelb markiertem Waldweg zur „Böhmischen Mauer" (erbaut um 1450) und an der Ruine Kollmitz vorbei auf Asphalt mit einer Kehre hinab nach *Kollmitzgraben* (¾ Std.).

D Kollmitzgraben – Sauggern – Raabs

Nach der Thayabrücke rechts und beim E-Werk von der Straße abzweigend durch ein altes Mühlgebäude. Der anschließende unmarkierte Fahrweg zieht durch den Wald im Bogen hinauf, Wiesen und Waldränder entlang und gelangt als Feldweg in langgezogenem Bogen nach *Sauggern* (475 m). Das hübsche Dorf wird durchquert, und bei einem Bildstock mit schönem Blick auf die Sieghartser Berge geht es geradeaus durch die Mulde zum Waldrand.
Dort zweigt links ein rot markierter Weg ab, der in den Graben hinab und den *Seebsbach* entlang etwas verwachsen zu einem Steg führt (ca. 440 m, Gesteinswechsel von der wechselhaften „Raabser Serie" mit Gneis und hellen Marmorlagen zum harten Amphibolit des Taldurchbruches).
Auf dem Fahrweg ansteigend zur Einmündung in den *Thaya-Kamp-Weg* Nr. 631, der durch das wildromantische Engtal hinaus zur

Thaya zieht: Rechts in den Fichtenforst hinab, etwas verwachsen über ein Brückerl links, Anstieg zu einem Schlag mit schöner Hochstaudenflur und wieder bergab zum Seebsbach. Diesen – zunehmend schöner werdend – entlang zu einem einmündenden Fahrweg. Auf dem Wiesenboden weiter (Stromleitung), dann nicht rechts durch die Furt, sondern erst am Wiesenende (Rastbank) dem blau-rot markierten Steig Nr. 631 nach. Nachdem der Steilhang auf gutem Steig überwunden ist, wieder in den verwachsenen Bachgrund hinab. Nach stärkerem Hanganstieg quert man bergab zu einer versetzten Lichtung (Bank), gleich zwischen Forst und Hochwald leicht bergan und weiter zu einem Hohlweg.
Dort den Markierungen nach rechts hinab folgend zu einer Lichtung, noch vor Ende des Karrenweges links durch Fichtenforst zu einem ansteigenden Weg, der mit kurzer Kehre einen Trockenhang mit Tiefblick in das wilde Waldtal hinaufführt (Rastbank). Dann letzter Abstieg zum Seebsbach und schräg den gegen das Thayatal vorspringenden Rücken hinan. Links auf Fahrweg weiter steigend zu einem Sattel, womit die anstrengende Strecke mit ihrer verwirrenden Wegführung überwunden ist (bei schlechtem Markierungszustand wird man über die genaue Beschreibung froh sein!).
An der Bergecke des Thayatals nun schräg rechts auf herrlichem Steig im Steilhang über dem Fluß dahin bis zu einer Aussichtskanzel mit Rastbank. Später zu einem Wiesenboden absteigend und auf einem Fahrweg zwischen dem blumigen Thayaufer und dem felsdurchsetzten Wald weiter. Nach der letzten Wiesenlichtung folgt der Ortsbereich von Raabs mit der Kläranlage. Um das Pensionistenheim herum und zwischen Siedlungshäusern rechts zum Thayasteg und zum Ausgangspunkt zurück oder links zum Parkplatz beim Bahnhof in *Raabs* (2 Std.).

Weitere Wandervorschläge

Kurztouren: Raabs – Ruine Kollmitz – Kollmitzgraben – Sauggern – Raabs in 3 ½ Std. (siehe A und D).
Eibenstein – Kollmitzdörfl – Klinger Mausoleum – Ruine Kollmitz – Kollmitzgraben – Thayatalweg – Eibenstein in 5 Std. (siehe C und B).

Extremwanderung: Gesamte Doppelrunde in 8 ½ Std.

Natur ohne Grenzen

ROUTE:	Merkersdorf – Kaja – Thayatal – Überstieg – Thayatalweg – Einsiedlerfelsen – Hardegg, insgesamt 4 bis 5 Std. je nach Variante, abwechslungsreiche Talwanderung auf Fahrwegen und Steigen, nur am Thayatalweg rot Nr. 630 markiert.
EMPFEHLUNG:	Rückwanderung teilweise auf der Straße 1 Std. oder Rückfahrt mit Linienbus. Bei Gruppen ein Auto in Hardegg abstellen.
EINKEHR:	Gasthöfe in Merkersdorf und Hardegg.
KARTEN:	Österr. Karte Nr. 9, Freytag & Berndt WK 073
INFORMATION:	Stadtgemeinde Hardegg, 2083 Pleißing Nr. 2, Tel. 02948/84 50.
ZUFAHRT:	Von Wien über Stockerau – Hollabrunn – Retz Richtung Hardegg. Von St. Pölten über Krems – Horn – Breiteneich – Sallapulka – Weitersfeld – Pleißing nach Merkersdorf.

Wie die Berliner Mauer und die Wachtürme des Eisernen Vorhanges hatte auch die Hardegger Thayabrücke Symbolwert – für jene Zeit, als die Welt durch vier Jahrzehnte in zwei Hälften geteilt war und die Spannung der beiden Supermächte hier in Mitteleuropa zum Glück nur einen Kalten Krieg nach sich zog. Bei Hardegg schieden sich West und Ost in der Flußmitte, wo heute wie ehedem die Staatsgrenze gegen Tschechien verläuft: Damals war die Grenze an den herausgerissenen Brückenbohlen und den nackten Eisenträgern über der Thaya nicht zu übersehen.
Der dunkel dahinströmende Fluß war schon seit Jahrhunderten eine Grenzlinie. Hier ragt über einem malerischen, von Felsen umschlossenen Talkessel die Feste Hardegg als steinerner Zeuge für ein die Völker trennendes Schicksal. Mit den politischen Veränderungen seit dem Fall des Kommunismus haben aber die Flußufer den Hauch von Unsicherheit und Gefahr verloren und lassen wieder das lebendige Wasser selbst sprechen: Als wollte sie die Menschen zu Frieden und Eintracht aufrufen, pendelt die Thaya durch das Land beiderseits der Grenzen, durch eine Natur ohne Grenzen!

Es gibt keine Wunder mehr? Das Thayatal beweist das Gegenteil: Ein Kraftwerksbau auf tschechischer Seite wandelte sich schon 1991 zu einem Nationalpark, den die Naturschützer auf österreichischer Seite bisher noch vergeblich anstreben! Und kaum war das kommunistische System im Nachbarstaat zusammengebrochen, war die Hardegger Brücke am 20. April 1990 wieder eröffnet – nur für Fußgänger und Radfahrer allerdings – noch ein Wunder in unserer technisierten Zeit. Oder vielleicht ein Signal für das Umdenken zu einer Lebensweise mit mehr Naturverständnis?
Selbstverständlich sollte man diese offene Grenze auch nützen! Kein Blick auf die Stadt Hardegg ist schöner als von der wieder aufgerichteten Hardegger Warte am nördlichen Uferfelsen. Auch einzelne Schaustücke wie die Ruine Neuhäusl oder die als langjährige Sperrzonen zur Urnatur verwilderten Talhänge sind bemerkenswert. Aber das Wandern auf österreichischer Seite macht einfach mehr Spaß! Da ist vor allem der Thayatalweg eine Idealroute, mit den Naturdenkmälern zwischen Kaja und Hardegg einen Wandertag wert.
Darüber hinaus entsprechen Siedlungen und Fluren auf der österreichischen Seite des Flusses mehr unseren Vorstellungen von gehegter Natur- und Kulturlandschaft. Sie zeigen Vielfalt statt Monotonie und lassen den Atem individueller Freiheit spüren …
Um diese Freiheit geht es letztlich auch beim Naturschutz. Ein künftiger Nationalpark soll der Bevölkerung mehr Entfaltungsmöglichkeiten bieten als Beschränkungen auferlegen. Sanfter Tourismus ist daher gefragt! Zweifellos muß es aber auch Kernzonen des Naturschutzes geben, in denen selbst sanfte Touristen nicht erwünscht sind.
Die folgenden Wandervorschläge können natürlich künftige Entwicklungen noch nicht berücksichtigen – höchstens indem sie empfehlen, die hervorragendsten Naturschönheiten zwar aufzusuchen, aber auf ausgeklügelten Routen und ohne von diesen abzuweichen! Als Alternative zum Aussperren gibt es als Schutz vor dem ziellosen Zertrampeln der Natur nur den exakt bezeichneten und auch eingehaltenen Weg, dies sei Naturschützern und Wanderern ans Herz gelegt.
Kaum anderswo kann man in so wenigen Wanderstunden so viele Höhepunkte erleben wie hier: Burgruine Kaja, den Umlaufberg mit dem schroffen Überstieg, die Nelkenwiesen beim Einsiedlerfelsen, Maxplateau und Reginafelsen. Das Burgstädtchen Hardegg ist ja berühmt genug. Aber wer kennt schon das schmucke Dörfchen Merkersdorf, das auch Vergangenheit atmet, nämlich vom einfachen Leben auf dem Land?
Zur Irisblüte auf den Überstieg am Umlaufberg – eine bessere Empfehlung kann Naturwanderern im Thayatal nicht gegeben werden!

Darüber hinaus kommen Naturfreunde hier ganz besonders auf ihre Rechnung: Die Pflanzenwelt zeigt in den Gräben typische Auwaldprägung – Schneeglöckchen, Buschwindröschen und Gelbe Windröschen, Muschelblümchen, Moschuskraut, Lerchensporn, Gelbstern, Wilde Mondviolen u. a. (April bis Mai). Zahlreiche Arten entsprechen der warmen Laubwaldstufe – Pimpernuß, Warziges Pfaffenhütchen, Immenblatt, Wald-Platterbse, Armblütige und Bogenfrüchtige Gänsekresse, Sternmieren und Steife Rauke (ein seltener, stattlicher gelber Korbblütler im Juni). Voralpin wirken Brauner Storchschnabel, Waldgeißbart, Ährige Teufelskralle, Türkenbund, Waldmeister und Bärlauch. An Trockenhängen und Felspartien sind die pannonischen Ausläufer nicht zu übersehen (Felsen-Steinkraut, Pechnelken, Blutroter Storchschnabel im Mai bis Juni). Wiesenschaumkraut, Knöllchen-Steinbrech und Steinnelken blühen u. a. auf den Uferwiesen.
Urwaldartige Hangwälder und Felsfluren bilden die wertvollsten Biotope des geplanten Nationalparks. Als Besonderheiten der Tierwelt fallen dem Wanderer meist nur Äskulapnattern, Smaragdeidechsen und der Schwarze Apollofalter auf. Die normalerweise niedrige Thaya schwillt erst um die Mittagszeit an, wenn im Kraftwerk Frain der Schwellbetrieb beginnt.

Routenbeschreibung

A Merkersdorf – Thayatal – Umlauf

In Merkersdorf (406 m) von der Ortsmitte beim Gasthof „Zur Forelle" am Gehöft mit Bauernmarkt vorbei (sonntags geöffnet). Durch die Seitengasse mit einem nostalgisch wirkenden Greißlerladen und hinab in das Tal des Kajabaches. Über die Brücke und zu der auf einem Felssporn ragenden *Ruine Kaja* (urkundlich 1196, Bau des 15. Jh., durch Privatinitiative vor dem Verfall gerettet und restauriert, im Sommer sonntags 10 bis 18 Uhr zu besichtigen).
Dann vom Fahrweg scharf links auf dem rot markierten Thayatalweg abzweigend hinab in den Waldgraben mit besonders im Frühjahr hübschem, üppigem Blütenflor. Das *Thayatal* wird bei breiten Uferwiesen erreicht (271 m), hier links weiter. Talab Blick zur Ruine Neuhäusl, die über dem „Stallfirst" genannten Umlaufrücken der tschechischen Talseite zuerst rechts, später dann links auftaucht! Durch ein Waldstück den Fluß entlang und nach der nächsten Wiese mit Fischerhütten zur Abzweigung auf den *Überstieg* (ca. 300 m, 1 Std.).

Dieser in wenigen Minuten steilen Aufstiegs erreichte Sattel des „Umlaufs“ bietet einen hervorragenden Rastplatz mit Tiefblick auf die Thaya. An dieser Stelle wird das Bergmassiv durch die beiderseitigen Flußschlingen zu einem schmalen, von Felsabbrüchen begrenzten Kamm eingeschnürt, der sich zum 378 m hohen, von der Thaya in weitem Bogen umflossenen *Umlaufberg* fortsetzt.
Das Gelände ist auch für Nichtbotaniker ein Blütentraum! Neben der Anfang Juni blühenden Bunten Schwertlilie noch weitere äußerst bemerkenswerte, pannonisch geprägte Flora: Ginsterarten, Schwalbenwurz, Zarte Flockenblume, Wald-Nachtviole und Ungarische Hundszunge (beide sonst sehr seltene Arten!), Färberkamille, Geflecktes Ferkelkraut, Rauher Alant und Christusauge, auch Federgras! Rund um den Umlaufberg führt die Thaya entlang ein Fahrweg, der aber nicht als Wanderweg markiert ist (im letzten Teil ein Weg an Fischerhütten vorbei zur Hardegger Seite des Überstiegs). Besonders das erste Stück unter einer hohen Felswand ist eindrucksvoll und als kurzer Abstecher vor dem markierten Aufstieg leicht zu erreichen!

> *Variante – Rückweg nach Merkersdorf* (als Rundwanderung insgesamt 2 Std.): Vom Sattel links den Grat zwischen schroffen Felszacken entlang (viele Smaragdeidechsen), einem unmarkierten Steiglein folgend, das wenig später in die rechte Flanke ausweicht. Über Blöcke zum „Fischersteig“ (auch Granitzsteig), der steil mit kurzen Kehren zu einem Rastplatz am Plateaurand aufsteigt (ca. 400 m). Nun im flacheren Gelände weiter bis zum Waldrand, auf dem Güterweg hinaus in die Felder, bei Wegteilung aber geradeaus auf Fahrweg zum Waldrand und hinunter zum Ortsgebiet von Merkersdorf im obersten Kajagraben.

B Umlaufberg – Thayatalweg – Hardegg

Vom Sattel am „Überstieg“ Richtung Hardegg am nordwestseitigen Waldhang steil zur Thaya hinab und auf dem rot markierten Steig das dicht bewaldete Ufer entlang. Öfter über Blöcke, ab und zu etwas rutschig und bei Hochwasser mühsam ausweichend, eine der romantischesten Strecken am *Thayatalweg*! Nach etwa $^3/_4$ Std. wird die Wiese bei der Ausmündung des Ochsengrabens erreicht, wo die Markierung über den Bergrücken hinweg direkt nach Hardegg führt ($^3/_4$ Std.).
Viel schöner ist aber folgender, unmarkierter Weg am Ufer der Thaya zum „Einsiedler“ und Gabrielensteig: Den Talboden entlang

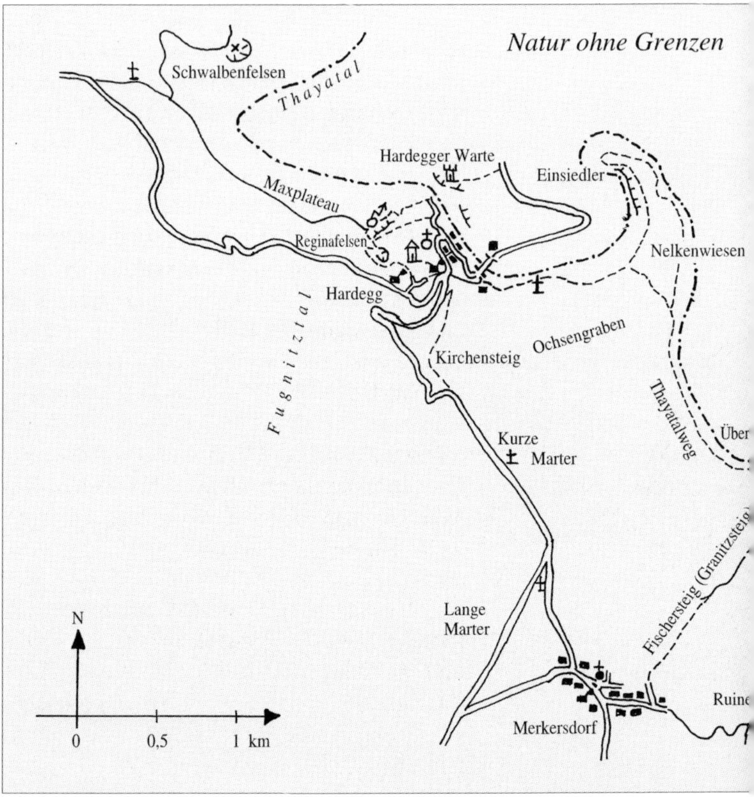

anfangs auf Fahrweg weiter, zunächst auf einer „Fettwiese", dann zwischen Sträuchern hindurch auf die freie Fläche bei der ehemaligen Unteren Bärenmühle – die *Nelkenwiesen*! Ein Blumenparadies mit vier Nelkenarten und einer Fülle bunter Wiesenblumen (Grasnelken, Pechnelken, Karthäusernelken und die pannonische Kleine Steinnelke in allen Farbabstufungen von rosarot). Unbedingt auf der von den Fischern ausgetretenen Wegspur bleiben!

Der folgende Waldrücken mit dem Vorsprung des „Fischerfelsens" wird auf deutlichem Steig ansteigend überwunden, und man erreicht die nächste Wiesenfläche gegenüber einer Felsflucht des jenseitigen Ufers (ehemals Obere Bärenmühle). Achtung: nicht die deutliche erste Wegabzweigung benützen, sondern, auf der Wegspur bleibend, um die Waldecke herum zu den Klippen am *Einsiedlerfelsen* (Marmorzüge im Paragneis, Reste einer mittelalterlichen Einsiedelei als Mauerwerk hoch oben in der Wand, stimmungsvoller Rastplatz auf der Felsplatte am Ende des Ufersteiges!).

Knapp vor Beginn der Felsen ist der etwas verwachsene Einstieg eines schmalen Steiges, der rasch den oberen Felsrand erreicht und

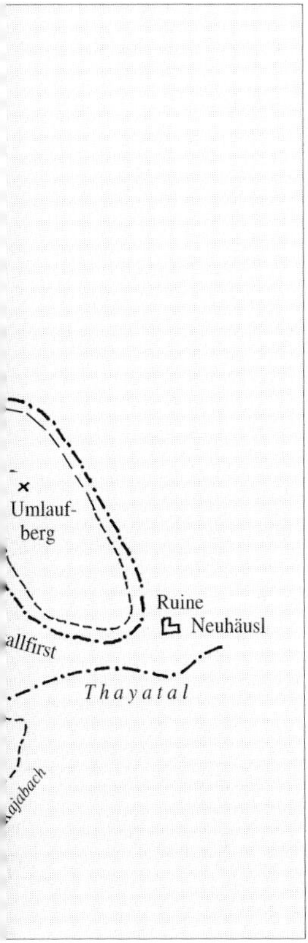

am Abbruch mit hübschem Tiefblick entlang führt. Wieder prächtige pannonische Flora! Der folgende Waldweg führt zu einem weiteren wunderschönen Rastplatz auf einem Felsvorsprung und mündet, durch den Laubwald querend, wieder in den markierten Weg (typischer trockener Hangwald mit der eher seltenen, beim Trocknen „schwarzwerdenden“ Platterbse). Bald über den „Gabrielensteig“ steil hinab zum Thayaufer und dieses entlang, bei einer Marienkapelle vorbei, zur Grenzbrücke in *Hardegg* (290 m, 1 ¼ Std.).

Rückweg nach Merkersdorf: Von der Grenzbrücke kann man direkt über den Mühlweg die Anschlußroute erreichen, doch sollte eine Besichtigung der romantischen, 1363 urkundlich genannten *Stadt Hardegg* auch bei einer Wanderung nicht fehlen! Daher auf der Hauptstraße weiter und vor dem malerischen Stadtplatz durch die Doktorgasse zur im Kern romanischen Pfarrkirche und links weiter zum Sattel beim Stadtturm (Abzweigung zur Burg mit Museum über „Kaiser Maximilian von Mexiko“ u. a. Ausstellungen; Bau der Hochburg bereits im 12. Jh., nach Verfall 1878 erneuert).
Richtung Merkersdorf vom Sattel beim Stadtturm wenige Schritte die Straße aufwärts und links abzweigend auf den *Kirchensteig*, der steiler ansteigend mit prächtigem Rückblick auf die Burg zur Straße am Waldrand der Hochfläche führt (419 m). Entlang der Asphaltstraße noch 2 km bis Merkersdorf (1 Std.).

C Hardegg – Maxplateau – Reginafelsen

Kurze, sehr lohnende Rundwanderung am felsigen Rand des Hardegger Talkessels, hervorragende Ausblicke, 1 ¼ Std.
Vom Ausgangspunkt Stadtplatz geht man neben dem Geschäft in die Badgasse, über die Fugnitz und beim „Brandlesturm“ (Rest der Stadtbefestigung) links abzweigend auf einem Steig in den Wald

hinauf. In Kehren über Stufen und Felsklippen den Kamm entlang zur Kanzel auf dem *Maxplateau* (auch „Nasberg" genannt, ca. 400 m, eindrucksvoller Blick auf Burg und Vorstadt).
Dem Aufstiegsweg gegenüber auf Steig in den südseitigen Waldhang (an der Abzweigung des durch dichten Wald führenden „Stadtlweges" vorbei) zur Abzweigung zum hochragenden *Reginafelsen*. Dann auf dem Steig weiter bergab, links haltend zur Vorstadt mit Gasthof „Hammerschmiede" und Aufstieg zum Sattel beim Stadtturm.

Weitere Wandervorschläge

KURZTOUREN: Merkersdorf – Kaja – Überstieg – Fischersteig – Merkersdorf in 2 Std.
Hardegg – Thayatalweg – Ochsengraben – Nelkenwiesen – Einsiedler – Hardegg in 2 Std.

EXTREMWANDERUNG: Hardegg – Maxplateau – Reginafelsen – Stadtturm – Kirchensteig – Merkersdorf – Kaja – Thayatalweg – Einsiedler – Hardegg in 6 Std.

Winterwandern im Waldviertel

Langlaufroute:	Gutenbrunn – Bärnkopf – Arbesbach – Karlstift, insgesamt ca. 40 km, verteilt auf 2 ½ Tage.
Empfehlung:	Nur knapp nach stärkeren Neuschneefällen (am besten ca. 15 cm bei vorhandener Unterlage, sonst Schneebericht mit 30 bis 40 cm), möglichst nicht bei stark windigem Wetter. Unbedingt über Loipenspuren Auskünfte einholen sowie Quartier und Taxi vorbestellen!
Karten:	Österr. Karte Nr. 35, Freytag & Berndt WK 111.

Telemark heißt eine Landschaft im südlichen Norwegen. Telemark heißt aber auch der Schwung mit dem „Kniefall" auf einem speziellen Schi, einem Mittelding zwischen Langlauf- und Alpinschi. Und „Telemarken" bedeutet, mit solchen Schiern durch Telemark zu wandern!

Unsere nordische Landschaft in Niederösterreich ist das Waldviertel, geprägt vom Granit – in den Formen des flachwelligen Hochlandes und den ungefügen Blöcken, die hier verstreut liegen. Unser winterliches Wandern durch das Waldviertel, zu Fuß oder auf Langlaufschiern, könnte daher „Graniting" heißen!

Als Winterwanderer marschiert man am besten im Hochland, wo viele geräumte Wege sich einladend öffnen und die Landschaft im Winterkleid noch zusätzlichen Reiz erhält.

Eine Auswahl geeigneter Winterwanderwege: Schönbach – Traunstein, Groß Gerungs – Langschlag, Waldviertler Semmering und Nebelstein, Johannesberg und die Runde um Litschau, auch der Kamptalweg zwischen Horn und Zöbing und das Yspertal!

Viel beschwingter als zu Fuß wandert es sich auf Langlaufschiern, jeder Schritt bringt noch zusätzlichen Schub und müheloses Gleiten! Bei schwierigen Schneeverhältnissen ist allerdings der Telemarkski mit Steigzone noch geeigneter (als Cross-Countryski oder Outdoorski im Handel). Übrige Ausrüstung wie beim Winterwandern, Proviant wegen der Einkehrmöglichkeiten nicht nötig, Wäsche zum Wechseln aber nicht zu knapp bemessen.

Unbedingt sollte man beachten, daß solche Graniting-Touren nur für Läufer geeignet sind, die auch abseits der Loipe sicher laufen und abfahren sowie über Erfahrung im Orientierungswandern verfügen! Die Wahl unserer „Graniting"-Route erfolgte nach besonderen Kriterien: Vom Gelände her wäre theoretisch das ganze Waldviertel geeignet. Praktisch braucht man aber Wiesen, möglichst ungeräumte Forststraßen und vor allem genug Schnee – diese Voraussetzungen bietet nur das Waldviertler Urgebirge, wo freie Strecken und Loipen einander abwechseln.

Routenbeschreibung

Ausgangspunkt ist Gutenbrunn: Zufahrt von Westautobahn-Abfahrt Ybbs über Yspertal – Ulrichschlag oder Melk über Pöggstall – Martinsberg. Auskünfte über Tel. 02874/242 (Gemeindeamt), 294 (Gasthof Marschall) und 247 (Gasthaus Fürst).
Von *Gutenbrunn* auf Loipe II (blau) zur „Drei-Königs-Wegscheid", über die Verbindungsspur zur Weinsberg-Loipe (blau) und auf dieser nach *Bärnkopf* (13,5 km). Treffpunkt in der „Wackelsteinstube" bei Loipenchef Mag. Herbert Lackner (Tel. 02874/82 54, Spuren der gelben Loipe vorbereiten!). Nächtigung im Ort möglich. Auf der Dürnberg-Loipe (gelb) Abfahrt bis in den Talgrund des Dürnbergbaches.
Schlüsselstelle: Vom tiefsten Punkt der Loipe nördlich auf Ziehweg durch Windbruchgelände zum Bergrand und diesen entlang. Nach Kreuzung der Stromleitung weiter bis vor den Bach, hier rechts über die Schneise und dort innerhalb des Waldrandes weiter. Dann rechts haltend in Seitenlichtung mit heiklen Bachquerungen und am Bergrand weiter zur freien Wiesenmulde von Dürnberg (1 ½ bis 2 Std. von Bärnkopf).
Auf der geräumten, aber nicht bestreuten Straße im Tal weiter bis zur Gabelung nach einem Fischteich (2 km). Hier links das *Kleine Kamptal* querend und auf Güterweg hinauf bis zu einer Birkengruppe. Dort westlich über die Streifenfluren bergan zur Straße bei den letzten Häusern von Großpertenschlag. In die jenseitige Mulde schräg links hinab und in Südwest-Richtung ansteigend zur Plateaufläche am Winterberg (Fahrweg in der Waldecke rechts der verwachsenen Schneise).
Am Waldrand rechts zur Kleinpertenschlag-Loipe (grün, Doppelstock-Markierung, Spuren der Loipe in Altmelon anmelden!), die über Kronegg und den „Kiabichl" nach *Altmelon* führt (Loipenchef Gastwirt Lichtenwallner, Tel. 02813/302, Komfortbetten!).

Nun direkt auf dem Weitwanderweg Nr. 605, rot markiert, nach Arbesbach, oder besser auf den gespurten Loipen (Loipenchef Gastwirt Kolm in Schönfeld, Tel. 02813/242). Nach dem aufliegenden Loipenplan am schönsten über Moorloipe/Meloner Au (Hochmoor!) – Schönfeld – Arbesberg nach *Arbesbach* (ca. 7 Std. von Bärnkopf). Nächtigung im Gasthof Kerschbaummayr (Tel. 02813/230).
Weiterweg auf der Loipe in die Mulde des Komaubaches (Querung allenfalls rechts bei der Straßenbrücke) und ungespurt nordwestlich hinauf zur Straße. Jenseits bergab zum Großen Kamp mit Steg an der Waldecke (genau nördlich vom Wurzenhof). Dann wieder bergan in das freie Gelände von Hörschlag, wo die Griesbacher Loipe zu erreichen ist (Spuren vorbereiten, Auskünfte über Gasthof Einfalt). Über Griesbach oder an Schönbichl vorbei auf der Loipe zum *Gasthof Einfalt* in Klein Wetzles (Tel. 02812/320, ca. 2 ½ Std. von Arbesbach, Bio-Komfortzimmer!).
Auf der Hochplateau-Loipe weiter bis „In der Goaß" und ungespurt die Lichtung westlich entlang. Dann am besten auf dem rechten Güterweg zu den Abspannhäusern und weiter auf oder neben der unbestreuten Straße zum Gasthof Binder an der *Kampbrücke* (2 ½ Std., gute Einkehr, aber nur beschränkte Nächtigungsmöglichkeit, Tel. 02814/269). Anschluß an die Loipen von Liebenau!
Jenseits des Flusses weiter zum Waldrand im Taldurchbruch hinter einem Gehöft. *Schlüsselstelle*: Wegspur von einer Holzhütte in den Wald hinein, dort nach dem Auslauf des Dammweges links halten, abseits vom verblockten Bachbett zu einer spärlichen Lichtung. Dann schräg bergab zur nächsten Güterwegbrücke.
Die folgende Mulde am Bach entlang geradeaus bis zum Schanz-Güterweg (888 m). Noch ein Stück am linken Talrand (allenfalls rechts blaue Loipenspur zum Weiterweg) und westlich neben der Mulde aufwärts zur Straße. Diese rechts entlang zum Gehöft Penz in *Hirschau* (1 ½ Std. von der Kampbrücke).
Am Waldrand bei der Weitwanderweg-Markierung zu einer Forststraße und auf der folgenden Loipe über 9 km nach *Karlstift* (Loipenchef Hannes Junger, Tel. 02816/217). Falls für die Rückfahrt kein Fahrzeug vorgesehen war, mit Taxi zum Ausgangspunkt (Busunternehmer Lichtenwallner in Arbesbach, Tel. 02813/224).

D a s

Waldviertel

... v o l l s a n f t e r K r a f t

Wo Liebe beginnt, muß sich die Sprache ihre Grenzen eingestehen. – Es ist keine Kunst, all die Angebote einer Region emotionslos aufzuzählen. Aber auch nach tausend Zeilen ist das Niedergeschriebene nicht wirklich „Waldviertel".

Diese Region ist ein Gefühl. Unfaßbar mit Worten. Wer sich dem Waldviertel hingibt, der taucht ein – in eine Leidenschaft. Und wie es Ihnen mit Menschen ergeht, die sich ihre Originalität bewahrt haben, so läßt Sie auch dieser Landstrich nie wieder los. Denn diese Natur strahlt eine Kraft aus, die Sie mitreißt. Diese herbe, ungekünstelte Schönheit. Hier ist noch Echtes zu finden. Hier wurde dem Gott Tourismus nur wenig geopfert. Hier finden Sie gerade, direkte Menschen. Und nur oberflächliche Reisende werten deren natürlichen Charme als Rohheit.

Das Waldviertel bietet Urlaub für Fortgeschrittene. Wer den Schicki-Micki-Rummel sucht, wird ihn hier nicht finden. Und das ist gut so. Denn früher oder später haben auch jene, die auf den Wellen des Zeitgeistes reiten, die Nase voll davon. Und dann sind auch sie reif...

– für's Waldviertel.

Zentrale Informationsstelle:
Tourismusregion Waldviertel
A-3910 Zwettl , Gartenstraße 32
Tel. 02822/54109
Fax 02822/54144

Servus in Österreich

Servus im Waldviertel